# 手把手教你
# 买保险

福猫 —— 著

民主与建设出版社

·北京·

© 民主与建设出版社，2020

**图书在版编目（CIP）数据**

手把手教你买保险 / 福猫著 . -- 北京：民主与建
设出版社 , 2020.10
ISBN 978-7-5139-3216-5

Ⅰ . ①手… Ⅱ . ①福… Ⅲ . ①保险－基本知识－中国
Ⅳ . ① F842

中国版本图书馆 CIP 数据核字 (2020) 第 174293 号

## 手把手教你买保险
SHOUBASHOU JIAO NI MAI BAOXIAN

| | |
|---|---|
| 著　　者 | 福　猫 |
| 责任编辑 | 胡　萍 |
| 装帧设计 | 尧丽设计 |
| 出版发行 | 民主与建设出版社有限责任公司 |
| 电　　话 | （010）59417747　59419778 |
| 社　　址 | 北京市海淀区西三环中路 10 号望海楼 E 座 7 层 |
| 邮　　编 | 100142 |
| 印　　刷 | 唐山市铭诚印刷有限公司 |
| 版　　次 | 2020 年 10 月第 1 版 |
| 印　　次 | 2020 年 10 月第 1 次印刷 |
| 开　　本 | 710mm×1000mm　1/16 |
| 印　　张 | 15 |
| 字　　数 | 196 千字 |
| 书　　号 | ISBN 978-7-5139-3216-5 |
| 定　　价 | 48.00 元 |

注：如有印、装质量问题，请与出版社联系。

我国保险业起步于新中国成立之初，当时以"保护国家财产，保障生产安全，促进物资交流，安定人民生活，组织社会游资，壮大国家资金"为业务发展的指导思想，努力支持国民经济的恢复和发展，为新中国的社会主义建设做出了积极贡献。

20世纪50年代末至改革开放之前的一段时期，由于受传统计划经济体制的影响，对保险的基本功能和作用认识不足，致使保险业陷入了长达20年的停滞阶段。直到党的十一届三中全会后，我国保险业才开始进入一个新的发展时期。

改革开放40多年来，我国保险业走上高速发展的快车道，保费收入由1980年的4.6亿元增长至2019年的4.26万亿元，实现了年均约30%的增长速度，成为国民经济中发展最快且最具活力的朝阳行业之一。2014年发布的"保险新国十条"提出，我国的保险业要与经济发展相适应，努力由保险大国向保险强国迈进。"十三五"时期，保险业承担起主动服务国家重大发展战略，深度融入区域协调发展，持续深化服务金融供给侧结构性改革的重任。在2020年上半年新冠肺炎疫情的防控过程中，保险业也发挥了非常重要的作用。

我国保险业发展离不开保险市场交易活动的参与方，这些参与方包括保险商品的供给方、需求方和保险监管部门，这三方的协同作用共同促进了我国保险业持续、健康、稳定地发展。但由于保险商品供给和需求方的信息不对称，导致保险业存在的一些问题多年来被普通老百姓广为诟病。

近年来，随着保险业经营的逐渐规范，人们对保险的认可度不断提升。可是，面对复杂的保险产品和保险条款，如何选择适合自己的保险产品和服务，成为很多人关注的问题。《手把手教你买保险》这本书非常清晰地告诉大家，如何为家庭配置合适的保险。在配置保险之前，首先需要具备保险的基础知识。世界上没有完美的保险产品，只有适合自己的保险产品。因此在选择保险产品之前，需要做较为充分的准备。很多人都担心一个问题：购买的人寿保险产品一般期限都非常长，如果在这个过程中，保险公司倒闭了是否保单就失效了？本书就很好地解答了这个问题：我国《保险法》明确规定，如果保险公司破产，则必须将其持有的人寿保险合同及责任准备金转让给其他经营人寿保险业务的保险公司，如果未能达成转让协议，则由保险监管机构指定保险公司接受转让。

本书还指出了选购保险的七大误区和六大基本原则，帮助投保人厘清保险的实质是风险保障工具，而不是投资赚钱的工具。保险的配置是有优先顺序的，保障比投资更重要，大人比孩子更需要保障，保额比保费更重要，人身险比财产险更重要，等等。具体从保险产品而言，本书分别介绍了人寿保险、重疾保险、意外保险、医疗保险、少儿保险、家庭财产险、理财险和万能险等不同保险产品的特点和购买要点，不同年龄段的人可以根据自身需求的不同，选择适合自己的保险险种。本书力图做到让有保险需求的人明明白白地买保险，能够清清楚楚地获得赔付金，让保险产品发挥其重要职责，切实转移家庭风险，保障家庭财务安全。

中国社会科学院保险与经济发展研究中心主任，

中国社科学院金融研究所研究员　郭金龙

在中国人的幸福观里，"平安"占据着举足轻重的分量。所谓平安，就是没有危险。即使遇到了危险，也能以最短的时间和最小的代价解决它。保险就是基于这个愿望而产生的。

保险是现代社会经济保障制度的重要组成部分，是市场经济条件下风险管理的基本手段。毫不夸张地说，我们今天的生活已经离不开保险。但不少人对保险仍存在一些认识误区。

比如，有人说："保险都是骗人的。买保险就是有病赔钱，没病白花钱。"抱有这种偏见的人比比皆是，这些人不会主动去买商业保险，但他们对社会保险又非常在意——他们对保险并非没有需求，只是对商业保险缺乏信任。

此外，另一种常见误区是过分迷信保险，认为保险能解决一切问题。这类消费者并不会精心挑选保险，而是经常被保险代理人牵着鼻子走，盲目购买自己不需要或者不适合的保险产品，结果给家庭造成了不必要的经济负担。

这些误区产生的原因就是消费者对保险知识了解不深。谁都希望自己的生活更有保障，谁都想让自己的生命财产具有更强的抗风险能力。很多消费者也希望通过购买保险来获得保障，只是往往不知道具体该怎么做。

如今，买保险已经成为人们经营家庭、保障生活的一种日常行为。那些拒绝接触保险的人，在知识结构上产生了缺环，将来需要用到保险时则容易陷入被动。

因此，我们应当掌握关于购买保险的基本常识，这样才能更好地认清自己的实际需求，以便做好保险规划，选购适合自己的保险产品，花更少的钱获得更充分的保障。

本书就是为那些打算购买保险但又不知该从哪着手的人而写。从保险的基础知识到生活中的常见险种，书中都会有所涉及，并尽可能地解决大家的痛点。

需要指出的是，本书介绍的只是通俗易懂的实用知识，并不能代替专业的保险顾问。我们只是希望大家能在接触专业保险顾问之前掌握足够的相关知识，从而更好地与对方进行沟通谈判，为自己争取更多的消费者权益。

# 目录 CONTENTS

## 第四章　备好重大疾病险，减少因病致贫的隐患

## 第五章　购买人身意外险，注意看清相关赔付条件

## 第六章　缓解看病贵难题，从买对医疗险开始

## 第十一章　万能险灵活多变，但并非无所不能

## 第十二章　认清自身需求特点，精准制定保险规划

## 第十三章　慎对理赔流程，确保经济补偿一分不少

# 第 一 章

## 见保险代理人之前，先了解一些基本常识

　　许多人接触保险的主要途径是咨询保险代理人。由于不了解与保险相关的知识，有些人对保险毫不信任，认为自己完全不需要保险；有些人则被保险代理人牵着鼻子走，购买不适合自己的保险。世上没有完美无缺的保险产品，只有适合自己和家人的保险产品。为了给自己和家人选择合适的保险产品，我们应该发挥消费者的主观能动性，在跟保险代理人洽谈之前先掌握最基本的保险知识。

# 保险跟我们有什么关系

**➜ 请思考**

- 保险是什么？
- 保险对我们的生活有什么影响？
- 我们一定要买保险吗？

在今天，不购买保险的人越来越少。即使你不买商业保险，可能也会有企业职工社保、城乡居民基本医保等社会保险。人们常提到的保险，更多是指商业保险，其准确的法律定义在《中华人民共和国保险法》中有详细介绍。

《中华人民共和国保险法》第一章第二条规定："本法所称保险，是指投保人根据合同约定，向保险人支付保险费，保险人对于合同约定的可能发生的事故因其发生所造成的财产损失承担赔偿保险金责任，或者当被保险人死亡、伤残、疾病或者达到合同约定的年龄、期限等条件时承担给付保险金责任的商业保险行为。"

简单说，我们付给保险公司保费，保险公司在合同约定的事情发生或者到达合同约定时间时向我们支付保额或者赔付损失。这种行为就是"投保"，俗称"买保险"。

保险是基于"大数定律"产生的互助经济手段。保险公司都是根据大数定律统计出各种意外发生的概率，然后向人们推荐保险产品。

假设大数据显示某种意外发生的概率是万分之一，即1万人中有1个人发生意外。如果这1万人都投了保，每人缴纳50元保费，保险公司就获得了50万元资金，也就能用这笔钱来赔付那个遇难者的家人。尽管意外发生的概率很小，但谁也不确定那万分之一会不会落到自己头上。通过加入保险这种社会互助机制，这1万人都会获得更多保障，在那个谁也不确定的"万一"到来时，避免陷入求助无门的困境。

> **保险小知识**
>
> "大数定律"是概率论中的一个重要概念。其内容是在随机事件的大量重复出现中，往往呈现几乎必然的规律。简单说就是偶然之中包含着某种必然。没有大数定律的支持，保险行业就会失去立足之基。

通过缴纳少量的保险费用，在危急时刻获得高额的赔偿，这就是保险给人们带来的最大实惠。但保险对我们的价值还不止这些。保险主要有以下几个作用。

### 1. 转移经济风险

大多数人的收入和积蓄还谈不上能让自己财富自由。意外身故、重大疾病带来的高额治疗费，投资失败、财产意外受损等风险，都可能让我们经济遭受重创。面对这种种难以预料的风险，个人之力非常有限。

商业保险以保费的形式把分散在众人中的力量聚合在一起，以契约的形式给客户提供保障。买保险意味着参与了这种社会互助机制，不用再单独面对难以预料的风险，这等于是把遭遇损失的风险转移给了保险公司。

## 2. 减少后顾之忧

每一款保险产品都有对应的保障。比如，意外死亡风险、意外致残风险、医疗住院问题、子女教育问题、养老问题，都有相应的保险产品为人们减少后顾之忧。

在没买保险时，我们是用自己的积蓄来支付相关费用。如果买了保险，又符合保险合同约定的赔付条件，我们就可以从保险公司那里获得更多的资金来解决问题。这将省去我们不少后顾之忧。

## 3. 让家庭收支规划更加合理

把收入的一部分用来购买保险，尤其是购买医疗险、教育金、养老金等保险，相当于为专门的开支项目攒钱，以后可以专款专用。这可以让我们的家庭收支规划变得更加合理。

此外，有些保险不仅有保障功能，还能给我们带来一定的收益。这对于想通过理财来实现财富增值的人是一件好事。总体来说，保险的增收能力相对稳定和安全。适当购买保险，有利于优化整个家庭的经济结构。

## 4. 保持生活品质

想要长久地保持生活品质，一方面要增加收入，另一方面要减少风险。当我们遇到生病、失业、退休等情况时，收入会减少。能否继续保持之前的生活品质，就看我们积攒了多少财富，够不够抵销突然发生的大宗开支。

与现金存款及其他金融工具相比，保险（尤其是养老保险）可以在我们收入减少的时候提供一笔稳定的资金，让我们保持原有的生活品质。

## 5. 履行家庭责任

许多人购买保险不是为了自己，而是为了给家人增加保障。保险虽然不能让我们远离风险，但它降低了风险给我们带来的损失。当发生变故时，买了保险就多一份让其他家庭成员继续好好生活的保障。从这个意义上说，为家人挑选合适的保险，也是一种履行家庭责任的方式。

总之，无论是为了自己，还是为了家庭，我们都不应该忽视保险。主动学习一点购买保险的知识经验，才能在购买保险时用更少的开支获得更多的保障。

**本节小结**

　　保险的本质就是一种风险管理工具。生活中充满了风险，谁也不敢说一辈子都不会遭遇意外风险和自然灾害风险。疾病风险也是人们无法避免的。尤其是重大疾病，很容易让那些辛辛苦苦实现小康生活的家庭重返贫困。从某种意义上说，降低重大疾病风险比一味地赚更多的钱更有利于保障我们的平安生活。

# 关于保险的基础知识

**➡请思考**

- 保险的基本特征和常用的保险术语有哪些?

- 保险的基本原则是什么?

- 保险是怎么分类的?

　　有些人觉得保险很复杂，自己搞不明白，所以不愿去接触。其实保险没那么神秘莫测，只要了解一些基础知识，就能在跟保险代理人交流的时候听得更明白、谈得更仔细。接下来，我们着重讲一下保险的基本特征、保险的相关术语、保险的基本原则以及保险的分类。这些都是跟保险相关的基础知识。

### 保险的基本特征

　　保险的基本特征，可以概括为以下四点。

#### 1. 互助性

　　保险公司用许多购买保险的人缴纳的保费来成立保险基金，再以此为少数遭受损失的人提供补偿和给付。从本质上说，这是一种经济互助关系。保险的互助性在一定程度上分担了个人或单位难以承担的风险，有利于提高其抗风险能力。

## 2. 法律性

保险是一种有法律约束的合同行为，是一种一方同意补偿另一方损失的合同安排。提供损失赔偿的一方和接受损失赔偿的一方，都要严格按照有法律效力的保险合同的约定来行事。

## 3. 商品性

保险是一种特殊的商品，体现了等价交换的经济关系。保险代理人和客户通过保险产品交易来缔结权利和义务。

## 4. 科学性

保险作为一种风险管理工具，是以概率论、大数定律等数理计算为依据的。无论是设置保险费率，还是保险准备金的提存，都有科学依据做后盾。

### 应当牢记的保险术语

常用的保险术语主要有12个，具体内容如下。

### 1. 保险主体

保险主体指的是在保险合同中享有权利、履行义务的人，包括当事人和关系人两大类。当事人和关系人还可以做进一步细分，具体内容见下表：

| 当事人 | | 关系人 | | |
|---|---|---|---|---|
| 投保人 | 保险人 | 被保险人 | 受益人 | 保单所有人 |

### 2. 投保人

投保人是指与保险人订立保险合同，并按照合同约定负有支付保费义务的人。简单说，投保人就是买保险的人。投保人可以是自然人，也可以是法人。但不具备民事行为能力的人不可以担任投保人。

### 3. 保险人

保险人又称"承保人"，是指与投保人订立保险合同，并按照合同约定承担赔偿或者给付保险金责任的保险公司。

需要指出的是，公民个人是不能作为保险人的，保险人必须是法人。国内的保险公司包括股份有限公司和国有独资公司两种形式。

### 4. 被保险人

被保险人是指其财产或者人身受保险合同保障，享有保险金请求权的人。投保人可以是被保险人。

通常情况下，投保人会把自己设为被保险人。父母为孩子购买保险时，可以把孩子设为被保险人。

### 5. 受益人

受益人是指人身保险合同中由被保险人或者投保人指定的享有保险金请求权的人。投保人、被保险人可以为受益人。

受益人又称"保险金受领人"，也就是投保人遇到合同约定的保险事故时，可以向保险公司申领保险金的人。受益人一般由被保险人或投保人在合同中明确规定，未指明的则以被保险人的法定继承人为受益人。投保人和被保险人都可以作为受益人。

### 6. 保单所有人

保单所有人指的是拥有保险利益所有权的人。通常是投保人，也可以是保单受让人。

### 7. 保险标的

保险标的又称"保险对象"。人身保险的标的是被保险人的身体和生命。财产保险的标的则是财产及其有关经济利益和损害赔偿责任。

### 8. 保险客体

保险客体指的是保险合同的客体，一般认为是投保人或被保险人对保险标的的可保利益，而非保险标的本身。

### 9. 保险利益

保险利益是指投保人或者被保险人对保险标的具有的法律上承认的利益。

保险标的的可保利益，就是保险利益。保险合同保障的并不是保险标的本身的安全，而是投保人或被保险人、受益人在保险标的遭受损失后的经济利益。

### 10. 保险费率

保险费率又称"保险价格"，指的是保险费与保险金额的比例。一般用每百元或每千元保险金额应缴纳的保险费来表示。

### 11. 保险价值

保险价值是指保险标的的实际价值。

### 12. 保险合同

保险合同是投保人与保险人约定保险权利义务关系的协议。保险合同对投保人与保险人来说都是最重要的法律文件。

## 保险的四项基本原则

### 1. 最大诚信原则

根据最大诚信原则，保险人不得有以下行为：

（1）欺骗投保人、被保险人或受益人。

（2）对投保人隐瞒与保险合同有关的重要信息。

（3）阻碍投保人、被保险人履行如实告知义务，或者诱骗投保人不履行如实告知义务。

（4）向投保人、被保险人或受益人承诺给予保险合同规定以外的保险费回扣或者其他利益。

最大诚信原则不仅约束保险人，也约束投保人。《中华人民共和国保险法》第十六条规定："订立保险合同，保险人就保险标的或者被保险人的有关情况提出询问的，投保人应当如实告知。"

假如投保人为了一己私利没有遵守最大诚信原则，在保单上填写了虚假信息，那么保险合同是无效的，保险公司依法可以不赔偿损失。

> **保险小知识**
>
> 《中华人民共和国保险法》第五条规定："保险活动当事人行使权利、履行义务应当遵循诚实信用原则。"
>
> 不过在实践中，最大诚信原则对投保人的约束力更大。对保险人的约束，要靠《中华人民共和国保险法》和政府监管。

## 2. 保险利益原则

保险利益原则强调的是，投保人必须对投保的标的具有法律上承认的利益。因为保险利益是保险合同的效力要件，关系到保险合同能否生效。只有对保险标的具有保险利益的人，才具备投保的资格。

根据《中华人民共和国保险法》第三十一条规定，投保人对下列人员具有保险利益：

（一）本人。

（二）配偶、子女、父母。

（三）前项以外与投保人有抚养、赡养或者扶养关系的家庭其他成员、近亲属。

（四）与投保人有劳动关系的劳动者。

除前款规定外，被保险人同意投保人为其订立合同的，视为投保人对被保险人具有保险利益。订立合同时，投保人对被保险人不具有保险利益的，合同无效。

### 3. 近因原则

近因原则是确定保险赔偿责任的一项基本原则。近因指的是"在风险和损失之间，导致损失的最直接、最有效、起决定作用的原因"。损失必须是由近因造成的必然的和自然的结果。如果某种因素仅仅是加大了损失的严重程度，或者扩大了损失的范围，就不能算作近因。

近因原则用于判断风险事故与保险标的的损失直接的因果关系。当我们需要向保险公司申请赔偿时，保险公司会根据近因原则来调查我们的申请诉求是否符合保险合同的条件。法院审理关于保险赔偿的诉讼案时，也是根据近因原则来调查事件发生的起因和确定法律责任的。

### 4. 补偿原则

补偿原则是指当被保险人遭遇损失时，可以通过保险人的补偿来使自己的经济利益得到充分恢复。补偿原则主要适用于赔偿性保险合同，但被保险人只能以补偿实际损失为限度，不能因此获得保险合同规定之外的额外赔偿。补偿原则的实现方式包括现金赔付、修理、更换或重置等。

## 保险的分类

### 1. 根据保险标的划分

根据保险标的的差异，可以将保险分为人身保险和损害保险两大类。人身保险的保险标的是人，用于保障被保险人因生病或意外导致的伤残、死亡或丧失工作能力等状况，包括死亡保险、生存保险、年金保险、养老保险等。损害保险的保险标的是物，用于保障被灾害事故损害的被保险人的财产或利益，包括财产保险、责任保险、保证保险和信用保险等。

### 2. 根据保险责任划分

根据保险人是否承担全部责任，可以将保险分为原保险和再保险。原保险是保险人和投保人直接签订保险合同建立保险关系。再保险也叫"分保"，是保险人把承保责任向若干个保险人再一次投保。

### 3. 根据经营性质划分

根据经营性质的差异，可以将保险分为政策性保险和商业保险。政策性保险是由政府依照相关法律政策规定开办的保险，主要是社会保险。商业保险是保险公司经营的、具有商业动机的保险。

### 4. 根据实施方式划分

根据实施方式的不同，可以将保险分为自愿保险和强制保险。自愿保险是当事人在平等互利和自愿的基础上自行决定参与的保险。投保人可以自行决定是否投保以及保险标的的种类、金额和期限。保险人可以选择不同的承保项目和内容。强制保险也叫"法定保险"，是政府以法律或政策形式强制规定办理的保险。无论当事人双方是否自愿，都必须按照规定办理强制保险。

### 🛡 本节小结

无论你要购买什么样的保险，都会涉及保险人、被保险人、投保人、受益人、保险责任期、保险金（保额）、保费等概念。要做到将这些保险行业专有名词烂熟于心，并记清楚它们的含义。特别是记准保险人、被保险人和受益人之间的关系，这在购买保险和申请赔付的时候非常关键。

# 保险公司是什么样的机构

➡ **请思考**

- 什么是保险公司？

- 保险公司靠什么赚钱？

- 万一保险公司破产了，我们该怎么办？

### 设立保险公司应当具备的条件

我们购买的保险，都是保险公司推出的产品。保险公司指的是依保险法和公司法设立的公司法人。根据《中华人民共和国保险法》规定，设立保险公司必须经过国务院保险监督管理机构批准。而且设立保险公司应当具备下列条件：

（一）主要股东具有持续盈利能力，信誉良好，最近三年内无重大违法违规记录，净资产不低于人民币二亿元。

（二）有符合本法和《中华人民共和国公司法》规定的章程。

（三）有符合本法规定的注册资本。

（四）有具备任职专业知识和业务工作经验的董事、监事和高级管理人员。

（五）有健全的组织机构和管理制度。

（六）有符合要求的营业场所和与经营业务有关的其他设施。

（七）法律、行政法规和国务院保险监督管理机构规定的其他条件。

保险公司设计产品的依据是专业精算师根据历年意外的统计数据所计算出的结果。如果缺乏技术支撑，保险公司就很难赚到钱，甚至连基本的企业运营都无法维持。

### 保险公司的利润来源

保险公司的利润来源主要包括三大类：死差益、利差益和费差益。

#### 1. 死差益

假设某产品是按照每10个人中有5个人去世来设计的，但实际上只有3个人去世，那么2个没有去世的人减少了保险公司的死亡赔付成本。这就产生了死差益。

#### 2. 利差益

保险公司给产品定价时会有个定价利率。公司在收取保费后进行投资，实际获得的投资利率高于定价利率，这多出来的收益就是利差益。利差益是保险公司最大的利润来源，也是反映保险公司投资经营能力的重要标志。

#### 3. 费差益

保险公司经营管理每一款产品都会产生费用，在事前会有经营费用预算。如果公司改善管理，节省了预算费用，就产生了费差益。

这三种收益促进保险公司不断发展。其中，死差益跟公司的风险管理能力相关，利差益跟公司的投资结果相关，费差益跟公司的经营管理水平相关。

### 保险公司还会倒闭

根据《中华人民共和国保险法》第九十条："保险公司有《中华人民共和国企业破产法》第二条规定情形的，经国务院保险监督度管理机构同意，保险公司或者其债权人可以依法向人民法院申专请重整、和解或者破产清算；国务院保险监督管理机构也可以依法向人民法院申请对该保险公司进行重整或者属破产清算。"

所以，有些人看到保险的保障期限长达几十年甚至终身，担心保险公司在多年后突然一朝破产倒闭，让自己的保费打水漂。出于这种顾虑，他们不敢买保险，也不敢信任保险公司。

在保险法中，特意对经营有人寿业务的保险公司规定"经营有人寿保险业务的保险公司，除因分立、合并或者被依法撤销外，不得解散。"至于财产险公司，可以申请破产，但在破产之前要对客户权益进行转移和清偿。

万一遇到保险公司被分立、合并或者依法撤销的情况，我们也不用担心自己的保单失效。因为《中华人民共和国保险法》第九十二条规定："经营有人寿保险业务的保险公司被依法撤销或者被依法宣告破产的，其持有的人寿保险合同及责任准备金，必须转让给其他经营有人寿保险业务的保险公司；不能同其他保险公司达成转让协议的，由国务院保险监督管理机构指定经营有人寿保险业务的保险公司接受转让。

> **保险小知识**
>
> 《中华人民共和国保险法》第八十九条第一款规定："保险公司因分立、合并需要解散，或者股东会、股东大会决议解散，或者公司章程规定的解散事由出现，经国务院保险监督管理机构批准后解散。"

"转让或者由国务院保险监督管理机构指定接受转让前款规定的人寿保险合同及责任准备金的，应当维护被保险人、受益人的合法权益。"

也就是说，原先投保的保险公司的保险合同与责任准备金会转移给其他保险公司。如果没有保险公司愿意接盘，中国银行保险监督管理委员会（以下简称"银保监会"，2018年4月8日挂牌成立）就会指定一个保险公司来接手。只要我们原先的保单是有效保单，就能够依然得到保障。

## 本节小结

了解保险公司的运行机制，有助于我们判断保险公司的可靠性。

保险公司的主要利润来自死差益、利差益和费差益。

很多人担心自己的保障期还没到，保险公司就先倒闭了。其实这个担忧是完全没必要的，因为国家已经通过《中华人民共和国保险法》等法律法规，为消费者提供了有力的法律保障。

# 识别保险公司常用的销售方法

**→ 请思考**

● 为了促成交易，保险公司会用什么方法？

● 这些销售方法是否对我们完全没有好处？

● 我们应该怎样应对这些销售方法？

保险公司为了提高市场占有率，会要求销售员拼命拓展业务。不是寻找还没买自己产品的新客户，就是设法让老客户再多买一些新推出的主打产品。这是市场经济下的常态。

但作为消费者，我们要牢记一点：只买自己真正需要的东西。购买所有的商品都是如此，购买保险自然也不例外。接下来，我们研究一下保险公司常用的几种销售方法。

## 1. 安排保单检视

所谓保单检视，指的是由代理人（即保险代理人）为客户整理家中所有的保单，然后分析目前客户家中有哪些保障利益，保额有多少，保费支出有多大，哪些保单的保障期限快要结束了，哪些保单有生存金要领取。

通过保单检视，我们可以清楚地了解自家保险的综合情况。而保险公司也可以从中发现客户的保障缺口，从而顺势向我们推出新的保险产品。由于信息不对称，保险公司总能找出追加保障的理由。

对策：自己要对全家的整体保险规划有明确的认识，根据保险代理人的合理建议把已有保单的问题处理清楚。如果对方推荐新产品，就结合当前的家庭保险规划来考虑，需要补充或加强保障的就值得买，与现有保险功能重复或者没必要保障的就不用考虑。

### 2. 组织客户参加活动

保险公司对销售团队通常有活动考核计划，要求工作人员必须组织开拓客户的活动。常见的活动形式有健康知识讲座、手工活动、读书交流会等。通过这些活动，保险代理人可以跟客户联络感情，顺便聊聊保险。有些活动实际上还是以宣传公司形象和推荐产品为核心，但有些活动可以让我们增加新的知识，不无用处。

对策：假如你有时间又对活动感兴趣，不妨参与一下。跟推销保险相关的内容，你听一听就行，不必太在意。把重心放在参加活动和认识其他客户上，顺便扩大自己的社交圈。如果你没时间或者对活动不感兴趣，婉言谢绝即可。

### 3. 给客户赠送小礼品

给客户赠送小礼品，也是保险公司常用的销售方式。一般是由保险代理人来具体负责把公司下发的礼品赠送给客户。还有些保险代理人喜欢跟客户交朋友，在客户生病时主动慰问，在客户需要帮忙时伸出援手，也会经常给客户带礼品。他们在送礼时通常不会急着与客户谈业务，以免引起客户的反感。他们会选择适当的场合来谈保险产品。

对策：收下小礼品，说一声"谢谢"，跟保险代理人保持良好的关系。如果你的保险代理人非常敬业，帮了你很多忙，你也可以回礼给人家。交情归交情，买不买保险还是以自己的实际需求为准。

### 4. 邀请客户体检

邀请客户体检也是保险公司常用的一种销售方法。对于客户来说，体检本身也很重要，谁都会关注自己的健康状况。而保险公司邀请客户体检，可以从体检结果来判断客户的身体状况。这也是一个利于推销人寿保险、重大疾病险、医疗保险的好机会。

**对策：**如果是自己投保的保险公司邀请，可以去体检一下。若是买了好几家公司的保险，一年体检一次就够了，不必重复体检。

### 5. 价格营销组合拳

保险产品实际上处于不定期升级换代的状态。所以，保险公司停售或者下架保险产品都是普遍发生的事情，新产品上来了，往往老产品就停售了。由于产品升级，价格和保障范围、保障程度都会发生变化。保险公司会把产品调整信息告知客户，有时候还会采取限量销售或限时销售等方式来激发客户的购买欲。这种通过价格优惠政策来促销的手法屡见不鲜。

**对策：**弄清楚自己已购产品的升级或换代细节。在明确自身需求和利益的前提下决定是否购买限量或限时销售的保险产品，不要随便跟风抢购。

### 6. 答谢VIP客户

有些保险公司会给客户发信息称其被选为VIP客户，还邀请VIP客户参加公司组织的酒会、晚会等活动。这是保险代理人为了创造谈判机会而制造的一种说辞。你是否真是保险公司的VIP客户还未可知，保险代理人一般会把有开发价值的客户都称为VIP。

**对策：**你不一定要参与这种"只有VIP客户受邀参加"的活动。听到对方说你是VIP时，要拿出"不以物喜，不以己悲"的战略定力，只参加真正有价值、有内容的活动。

总之，我们先要摆正自己的心态，不要把销售套路当成万恶的诈骗陷阱。其实这只是一次客户跟保险公司进行交流的机会，你不必对此过分排斥，也不必对此怀有深深的敌意，完全可以用主人翁的姿态来应对。遇到自己刚好需要的保险产品就交易，没有就当是去散散心。

### 🛡 本节小结

　　保险公司举办的活动，有的实际上只是产品促销会，但有的活动是侧重感情联络的联谊活动。后者一般不直接涉及营销，内容丰富多彩，不乏实用价值或娱乐价值。我们只要记住一点：保险只购买自己真正需要的。

# 如何排除不靠谱的保险代理人

**→ 请思考**

- 什么是保险代理人？
- 不靠谱的保险代理人有哪些特征？
- 保险代理人中途离职了该怎么办？

保险代理人就是我们常说的保险业务员。在20世纪90年代以前，我国的保险公司采用坐等客户上门的销售方式。1992年，友邦保险在中国设立办事处，将国际上流行的保险代理人制度引入了国内。从此以后，国内各大保险公司纷纷采用这种新制度，让保险代理人主动上门找客户。

保险是一种专业性很强的产品。没有足够的专业知识，很难买到真正能给自己带来保障的保险。保险代理人就是依靠自己的专业知识来给客户提供咨询服务，并根据客户的需要来推荐合适的产品。

为了避免上当受骗，我们需要掌握一些识别并排除不靠谱的保险代理人的方法。

### 如何识别不靠谱的保险代理人

保险代理人需要掌握的知识涉及金融、法律、医疗等领域。他们嘴里总是能蹦出一大堆的专业术语，让你听得云里雾里。虽然消费者掌握的保险知识不如保险代理人多，但依然有办法识别出不靠谱的保险代理人。比如，你可以通过对以下描述进行判断来识别。

你的保险代理人是否有以下特征？如果有，就请在前面的括号里打"√"，每打一个"√"就扣1分。

（ ）1. 一上来就介绍产品，而没有预先了解和分析你的需求。

（ ）2. 在推荐涉及疾病、身故责任的保障型保险时，没有主动询问你的健康情况，也没有跟你强调不如实告知的后果。

（ ）3. 没有通过多次沟通求证来帮助客户以标准体（指被保险人健康状况符合《生命表》的基本范畴）或者次标准体成功投保的经历。

（ ）4. 没有参照保单条款跟你详细地解释保单中的每一项责任。

（ ）5. 没有跟你主动说明理赔流程以及不予理赔的情况。

（ ）6. 只了解本公司的产品，对其他保险公司的同类产品一无所知。

（ ）7. 在你面前不断贬低其他保险公司及其产品。

（ ）8. 向你承诺返还部分保费（实际上不可能），诱使你购买产品。

（ ）9. 在朋友圈里宣传虚假夸张的信息（特别是炒作产品停售）。

（ ）10. 频繁邀请你参加实际上跟你没什么关系的各种形式的"答谢会"。

在上述细节上扣分越多，说明该保险代理人越不靠谱。建议你果断换一个保险代理人交涉。保险公司培训的方式是一样的，所以很多保险代理人多少会表现出相同的特点。但只要肯花时间挑选，我们总能找到一些专业性很强的保险代理人。

**挑选保险代理人的方法**

如果能找到一个能力强、讲诚信的保险代理人，我们将终身受益。最起码可以减少很多不必要的纠纷。那怎样才能找到优秀的保险代理人呢？优秀的保险代理人会具备以下3个条件。

**1. 具有专业资质**

正规的职业保险代理人必然有保险代理人资格证、保险代理人展业证。我们投保时可以留意他们的资格证编号和展业证编号，并且与保险公司客服中心联系查证核实。因为保险代理人与保险公司签订了代理合同，有保险合同的工作者，其行为所产生的法律责任均由保险公司承担。所以一查客服中心，保险代理人有没有专业资质就一目了然了。

**2. 把客户保障放在第一位**

一名优秀的保险代理人，会把客户的保障放在第一位，而不是把自己的利益放在第一位。因为保险本质上是一种风险管理工具，主要为客户提供保障。有职业操守的保险代理人会从客户的实际需求出发，给客户挑选合适的保险，而不是最贵的保险，并且还会主动帮客户查漏补缺，制定一个合理的保险规划。

**3. 能把产品的责任、利益说清**

虽然保险合同把很多东西都写得很明白，但具有法律效力的文件往往专业性很强，客户不一定看得懂，很容易产生误解。有些保险代理人就利用信息的不对称来误导客户购买保费较高但实际上不实用的保险。而优秀的保险代理人则会不厌其烦地把产品的利益、责任及其相关条款给客户解释清楚，让客户在弄清各个条款和保险术语真实含义的前提下进行消费。

⬡ **本节小结**

　　许多人对保险和保险公司的不信任，直接来源于不靠谱的保险代理人。特别是由于原先的保险代理人离职造成了"孤儿保单"现象。虽然保险公司针对这种情况也有自己的应对措施，但我们平时就要养成经常跟保险代理人及保险公司服务平台保持联系的习惯，这样才能更好地掌握各种动态。

# 第二章

## 做好购前准备，避免选购保险的常见误区

保险公司有很多家，保险产品更是五花八门。保险代理人往往会推销公司最热卖的产品或者最新推出的产品。这些产品都是经过精心设计的，都会对应某类客户的实际需求。但是，你要弄清楚自己是不是属于那一类客户。如果只是一味跟风购买，就很难保证你选择的保险产品能真正满足自己的需要。为此，我们要明确投保的目的，想好受益人，根据自家的财务状况选择合适的保额，还要明确保险合同的责任。

# 购买保险的七个常见误区

> **→ 请思考**
>
> • 购买保险的常见误区有哪些？
>
> • 为什么积蓄和社保不能代替商业保险？
>
> • 保险公司说的"人生七张保单"是指什么？

通过第一章的内容，我们初步了解了保险、保险公司、保险代理人等方面的基础知识。相信你对购买保险的重要性已经有了足够的认识。但这并不能保证你能买到合适的保险。市场的保险产品种类繁多、特点各异，我们不可能全部买下，否则那只会白白浪费钱财。保险公司为了让客户多购买保险，常宣传"人一生中有七张保单不可或缺"的观念。这七张保单分别是：

人寿保单、意外保单、重疾医疗保单、养老保单、子女教育保单、子女意外保单和财产增值保单。

这七张保单几乎涵盖了人一生中所有的安全需求，包括人身安全和经济安全。问题是，每个人在不同的人生阶段有着不同的需求。比如，对于单身人士来说，子女教育保单和子女意外保单还用不上。虽说不必一次性全部买齐，但也不能一个都不重视。许多消费者在购买保险时都存在以下误区。接下来，我们对这些误区一一进行讲解。

1. **身体好，用不着买保险**

持有这种观点的人并没有弄清楚保险的本质。保险的特殊性在于，你买的时候用不上，但等你用的时候已经买不到了。那些身体不够健康的人，要么会被保险公司拒绝投保，要么会被要求增加保费。因为他们本身健康状况欠佳，保险公司需要赔付的风险也会随之增高，自然会设置一些门槛。

其实，被保险人身体越健康，购买保险就越容易免体检，而且保费也相对便宜得多。既然早晚都要买，何不趁自己身体好的时候就买呢？

2. **买了保险却没出事等于白花钱**

在保险期内平安无事的人，容易产生"吃亏了"的感觉。这种认识太斤斤计较，而且抱有很强的侥幸心理。永远不要低估意外发生的可能性。正如著名的墨菲定律所说："如果事情有变坏的可能，不管这种可能性有多小，它总会发生。"

保险，保的正是意外之险。有备才能无患。精算师们帮保险公司计算出的意外发生概率，是整个保险行业运营的基础。这个概率不会因为你小心翼翼就能确保完全避开。

不到最后一刻，你不知道自己有多幸运，也不知道自己会遇到什么风险。

3. **有积蓄就够了，不用买保险**

积蓄是最原始、最基本的对抗风险手段，无论我们买不买保险，积蓄都是必须有的。但积蓄跟保险毕竟不是一回事，也不能相互代替。

4. **有社保就够了，不必买商业保险**

社保即社会保险，与商业保险一样有保障功能，也是一种互助互济的经济手段，但两者之间存在10个显著差异。

（1）社保是国家依法强制实施的保险，是一种政府行为；商业保险是以买卖自愿、平等互利为基础的商业行为。

（2）社保的出发点是保障劳动者的基本权利，维护社会稳定；商业保险的出发点是保险公司通过经营保险产品来向客户提供保障服务，以此方式获取利润。

（3）社保具有强制性、互济性和福利性，商业保险具有自愿性、赔偿性和营利性。

（4）社保费用是按照国家或地方政府统一的缴费比例进行筹集的，商业保险的费用则由投保人来承担。

（5）社保是公民享有的基本权利，政府对社保承担最终责任；商业保险主要受市场制约，政府依法监管商业保险，以保护消费者的合法权益。

（6）社保的保险对象通常是法定范围内的社会劳动者，商业保险的保险对象则是全社会成员。

（7）社保通常由参保人员的单位代缴，部分上交国家，部分存入个人账户；商业保险的费用则由投保人直接交给自己投保的保险公司。

（8）社会保险金由政府机构统一发放，商业保险金由保险公司直接付给被保险人。

（9）社保对每个参保人都有统一的领取规则，商业保险的领取规则因保险产品的不同而存在差异。

（10）社保是相对稳定的低缴费低保障；商业保险缴费多，但能满足消费者多方面、多层次的保障需求。

通过上述对比可知，社保是一种较低水平的基础保障，还不足以独立解决我们的生活保障问题。所以市场催生了商业保险作为补充，为消费者提供了更加多样化的、具体的特定风险保障。商业保险具备一些社保所没有的功能，跟我们的切身利益有密切联系。

### 5. 孩子有保险就行了

望子成龙是家长的普遍心态。这使得许多父母把孩子的利益放在自身利益之前，买保险也优先考虑孩子，甚至只要孩子有保险就觉得万事大吉。其实，孩子真正的依靠是监护人，也就是家里的"经济支柱"。经济支柱不倒下，孩子就能衣食无忧、茁壮成长。如果只给孩子买保险，受益人也只写孩子的名字，万一作为经济支柱的父母出状况了，保险公司也爱莫能助。因为他们不是被保险人，也不是受益人，不在赔付范围之内。

### 6. 买最便宜的保险最划算

有些投保人会花费大量时间去调查所有保险公司的费率，然后选择保费最便宜的保险产品来投保。这种做法看起来精打细算，其实陷入了唯价格论的误区。保险产品不是越贵越好，也不是越便宜越划算，得具体问题具体分析。因为保险公司的品牌影响力、服务水平、理赔时效等因素，光看保险产品的费率是无法准确评估的。

### 7. 把投资回报当成主要目的

有的人把保险当成了投资赚钱的工具，片面追求投资回报。此举未免本末倒置。毕竟，即使是理财型保险，也不是以投资增值为首要目的，本质上还是一种风险保障工具。保障型保险就更不关心投资回报率了，只注重保障功能。

## 本节小结

那些认为买了保险就平安无事的人，并没有真正明白风险管理的重要性。保险就是为了确保不发生那个"万一"而产生的，它就像汽车的备胎一样，平时用不着，但关键时刻作用很大。与此同时，购买保险不宜贪多求全。把所有的保单一次性买齐，是不明智的做法。我们应该明白，每个人对保险的需求是有阶段性差异的，不能一刀切。

# 选择保险的六大基本原则

➡**请思考**

• 我们投保时，是以保障需求为先，还是以投资需求为先？

• 保险的保费支出和保额需求，哪个才是优先考虑的因素？

• 保险规划和保险产品哪个更重要？

市场上有多家保险公司，每家保险公司都推出了各种各样的保险产品，而且每年都会不断推出新产品。面对琳琅满目的保险产品，如果你是第一次购买保险，可能会感到无所适从。买过保险的朋友也往往不是自己精心挑选的，而是别人推荐什么就买什么。

每一款保险产品都是围绕特定目标用户的特点来设计的，往往侧重不同的投保目标。有的突出保障功能，有的兼顾投资功能。明确自己购买保险的目的，可以获得更合适的保险产品。在这个问题上，消费者不应该以随便的态度对待，否则容易出现花了钱但没有达到预期效果的情况。

我们接下来要讲讲选择保险的六大基本原则。了解之后，你购买保险时的思路就会更加清晰。

### 1. 保障第一，投资第二

当保险代理人跟你反复强调某款保险产品的投资收益好的时候，你要牢记一点：保险的首要功能是保障，而不是投资。意外和疾病是人一生中最难以预料的风险，对你我的日常生活有着直接的影响。我们购买保险主要是为了避免因意外和疾病而突然陷入生活困境。

保障第一，先满足了生活保障需求，再考虑保险的投资收益问题。特别是对那些经济不宽裕的家庭来说，买保险就是买保障，保障功能强的保险产品才是合适的。对于经济宽裕的家庭，在满足保障的基础上，可以关注一下各种保险产品的投资收益率。

### 2. 先保大人，后保孩子

有些人下意识地把保险视为老弱病残者的保障，从而只为小孩买保险而忽略大人。他们认为大人有收入来源和劳动能力，可以保障自己。小孩没收入也没独立生活，更需要保障。这种想法的出发点是好的，但方法是错的。因为大人本身就是孩子最根本的保障，大人有保障了，孩子才有保障，而且孩子需要保障的方面其实不如大人多。

因此，购买保险的正确顺序是先满足大人的保障需要，然后才是满足孩子的保障需要。大人先要根据自己的保障需求选择相应的保险，为各种意外风险和疾病风险都做好准备。可以不用买很多，但必须不留漏洞。在此基础上选择适合孩子的保险产品，才能形成双重保险。

### 3. 满足保额比节约保费支出更重要

一般人购买保险，在乎的是自己要缴纳多少保费，保费支出越大越心疼。如果是非返本型的保险，就会产生"没有出现意外和疾病，买保险就亏了"的认识误区。殊不知，保险并非一般的产品，而是具有特殊功能和特殊作用的风险管理工具，保额比保费更值得关注。

一款保险产品所能提供的保障范围和保障程度，才是对我们最有用的东西。如果买保险时选择的是较低的保额，固然能少交一些保费，但可能出现保额不足、保障不力的情况。当然，一味追求高保额也会造成不必要的开支，我们只需购买保障范围和保障程度够用的保额就行了。

### 4. 考虑整体的保险规划

买保险应当货比三家，但单纯地对比几家保险产品的意义不大。因为任何一款保险产品都只能满足我们一部分保障需求，不可能全都包括。我们只能针对不同的保障需求，选购相应的保险。这就需要做好整体的保险规划，控制好保险组合的保费支出，获得更全面的保障范围和更高的保额。

做保险规划要有系统性、前瞻性。不仅要为自己做规划，还要通盘考虑全家人的保障需要，这样才能不花冤枉钱，减轻家庭经济负担，增强抗风险能力。关于如何制定保险规划，我们在后面的章节会详细阐述。

### 5. 人身保险先于财产保险

生命、财产都是保险保障的对象。但财产可以从头开始积累，生命不能再来一次。由此可知，人身保险比财产保险对我们更加重要。我们在购买保险的时候，应当优先满足对人身的保障需求，其次才是对财产的保障需求。

在经济条件不宽裕的情况下，把人身保险准备好，就能减少很多后顾之忧。即使你有可观的财产，也不要只考虑给财产加强保障，而忽略对人身的保障。人身保险第一位，财产保险第二位，是一个永恒的原则。

### 6. 明确保险责任

我们在看保险说明书的时候，常常会被五花八门的产品名称和烦琐的产品介绍弄得晕头转向。要想避免购买到自己不需要的保险，有一个简单的选购原则：明确该产品的保险责任。具体而言就是，这款保险产品的责任是什么，要承担什么风险，要解决什么问题。

任何五花八门的保险名词，本质上都是在解释这几个问题。只要把它们弄清楚了，这款保险产品对你有没有实用价值就会一目了然。为此，我们无论挑选什么保险产品，都要先把保险责任弄明白。

### ♥ 本节小结

选择保险的六大基本原则，每一条都是由无数消费者的经验教训总结出来的。我们在购买保险的时候一定要注意分清主次，优先满足重要、紧急的需求，把钱花在刀刃上。无论你的经济实力如何，人身保障永远比财富保障更加重要。毕竟，财富没了可以重新积累，人没了就万事皆空了。

# 挑选保险公司，不能盲从他人的建议

**➡请思考**

• 哪家保险公司的产品最好？

• 挑选保险公司时，应该考虑哪些因素？

• 为什么有人不建议选理赔范围小的保险公司？

中国人寿、中国平安、太平洋保险、中国人保PICC、新华保险、泰康保险、友邦保险、中国太平、阳光保险……大家听到"保险"二字时，或多或少会想起这些保险公司的名字。人们在投保时常会遇到这样的烦恼：比来比去，各家保险公司产品的保障范围和保费大同小异，该选哪一家保险公司呢？

有些消费者是哪家公司找上自己就投哪家公司。可这样一来，你接收的只是单方面的信息，可能会错过其他公司推出的更适合你的产品。为了放心投保，把用于保险的钱花得更值，我们可以通过以下几项指标来挑选合适的保险公司。

## 1. 品牌规模和公众口碑

组织规模大且品牌响亮的保险公司，往往有更强的实力和更多的客户。在产品差不多的情况下，这样的公司比中小型保险公司的抗风险能力更强，出现问题后也容易获得国家优先扶持。

如果你看中的几家候选公司都是知名企业，那么公众口碑就是优中择优的标准。有两个比较科学的标准来衡量公众口碑：一个是理赔时效，另一个是投诉率。

投保人其实并不期待发生需要理赔的事故。可是万一事故发生了，当务之急是被保险人和受益人能尽快把保险理赔金拿到手。理赔时效在这时候就是衡量一家保险公司形象的关键指标。平均理赔时间越短，对消费者越有利。各地保监局的官方网站逐渐将这个指标作为一个重要公开项目。

投诉率是评价保险公司服务水平的最直观的指标。银保监会每个季度都会公布一次全国所有保险公司的投诉率数据。这个指标在银保监会的官网上可以查到。亿元保费投诉量、万张保单投诉量和万人次投诉量这3个相对指标，更能反映出一家保险公司的实际口碑。

## 2. 风险管理能力

保险公司是帮助人们提高抗风险能力的企业。没有较强的风险管理能力，保险公司在遇到风险时是无力履行保险合同责任的。风险管理工作十分复杂，是一项系统工程，要对保险风险、操作风险、战略风险、市场风险、信用风险、声誉风险和流动性风险及其产生的影响进行评估和管理。

为此，第三方机构和保险监管部门会对各个保险公司的风险管理能力进行评定，并且定期在官网上公布各大保险公司风险综合评级（IRR）和保险公司偿付能力风险管理能力评估（SARMRA）结果。

风险综合评级是按照各家公司的偿付能力风险大小来划分监管类别的。根据银保监会的政策，保险公司的监管类别可划分为A、B、C、D四类。

A类：偿付能力充足率达标，且操作风险、战略风险、声誉风险和流动性风险小的公司。

B类：偿付能力充足率达标，且操作风险、战略风险、声誉风险和流动性风险较小的公司。

C类：偿付能力充足率不达标，或者虽然达标，但操作风险、战略风险、声誉风险和流动性风险中某一类或几类风险较大的公司。

D类：偿付能力充足率不达标，或者虽然达标，但操作风险、战略风险、声誉风险和流动性风险中某一类或几类风险严重的公司。

A类公司是最优秀的，B类公司也是可以放心的。银保监会通常会对C类与D类公司采取不同程度的监管措施，以免其出现超出自身风险管理能力的商业行为。银保监会规定保险公司应当在偿付能力季度报告摘要的风险综合评级部分披露最近两期风险综合评级的结果。所以，我们在各家保险公司的季度偿付能力报告摘要中都能看到其风险综合评级。

### 3. 经营管理水平

保险公司的经营管理水平，决定了其偿付能力。像人寿保险的保单通常有很长的保障期，如果保险公司的经营状况不佳，就很难向客户履行合同约定的保险责任。

如果保险公司运营管理得当，品牌规模就会越来越大，保障能力也会更强。通过保费规模、经营效益和资产质量等方面，监管部门会对各家保险公司进行评估。评估结果也就是上述提到的A、B、C、D四个级别。

### 4. 产品情况

我们买保险首先还是从险种出发。在挑选的时候，看看各家保险公司的同类险种有什么区别。国内市场上的同类险种条款基本上都大同小异，但"小异"恰恰是我们最需要关注的。因为不同的保险公司在设计产品时的侧重点不同。哪家能提供更加侧重你当前需要的产品，哪家产品的保障范围更大、保障细节更人性化，哪家的产品就是你购买此类险种的首选。买其他险种的时候，也可以挑选不同的公司，形成保险产品的优化组合。

### 5. 代理人的专业素养

保险代理人直接与客户接触，代表着保险公司的形象。高素质的保险代理人在为客户设计保单时，能够从客户的实际需要来考虑问题。那种只想着追求高额保费收入的保险代理人，不会重视长期利益，缺乏长期服务的思想。

### 6. 偿付能力

我们买保险的时候最关心的是保障问题。进一步说，就是能否顺利理赔。保险公司的偿付能力是挑选时的一个重要参考指标。偿付能力是指保险公司偿还债务（赔偿或给付保险金）的能力。其衡量指标是偿付能力充足率，即保险公司实际资本与最低资本的比率。

根据2008年保监会第1号文件《保险公司偿付能力管理规定》的规定，偿付能力充足率低于100%的保险公司是"不足类公司"，偿付能力充足率在100%~150%之间的保险公司是"充足I类公司"，偿付能力充足率高于150%的保险公司是"充足II类公司"。保险公司的官网通常有相关数据。

一家保险公司的偿付能力充足率越高，表明其资金越安全，偿付能力越强，是可以优先考虑的合作对象。银保监为了增强保险公司的偿付能力，设置了多重预警机制，要求保险公司的偿付能力要高于150%。也就是说，即使保险公司把所有保单都赔付了，仍然要有50%的资产剩余。假如一家保险公司的偿付能力低于150%，最低要求也要达到100%。

### 7. 服务水平

谁都喜欢服务态度好、重视服务细节的保险公司。服务体验好的保险公司比较为投保人着想，一旦发生保险责任，投保人能更加及时地得到理赔。衡量一家保险公司服务水平的指标是服务质量、服务效率、客户满意度等。前面提到的理赔时效和投诉率也是反映服务水平的标志。

8. 地理位置

人们一般是在本地的保险公司购买保险。有些保险公司的产品可能让你很心动，但在你所居住的地方没有分公司或其他分支机构。遇到这种情况时，我们不建议你选择这样的公司。万一你要迁往异地或者在异地出险，而当地又没有该公司的分支机构，交费和理赔都会有很多不便。所以地理位置也是挑选保险公司时应当考虑的因素之一。

**本节小结**

　　保险公司的信息基本上都在网上公开了，但网上对各个保险公司的评价鱼龙混杂。有些客户因为自己的消费体验不佳或者其他原因，会给出比较偏颇的评价。如果他们恰好是你的亲戚朋友，就会对你的选择产生不小的影响。盲从他们的意见，可能会让你错过适合自己的保险和保险代理人。所以，亲戚朋友的意见只能参考，不能盲信盲从，重要的还是按照上述评估指标来核对相关保险公司的信息。

# 细读保险合同，明确责任才能放心购买

➡请思考

• 保险合同是由哪些要素构成的？

• 保险合同的有效条件有哪些？什么情况下会失去法律效力？

• 解读保险合同的要点有哪些？

保险合同规定了投保人和保险人（保险公司）双方各自的权利和义务。我们在跟保险代理人签订和履行保险合同的过程中所形成的一切书面材料都是保险合同的一部分。细读保险合同，明确自己能从这款保险产品中得到什么利益，明确保险公司会提供哪些服务、不提供哪些服务，这是每个消费者在购买保险前都应该做的事。我们接下来一起聊聊保险合同的相关问题。

### 关于保险合同的小知识

#### 1. 保险合同的构成要素

保险合同的构成要素如下：

（1）保险单+保险凭证+投保单。

（2）投保人的说明+保证。

（3）关于保险标的风险程度的证明+图表+鉴定报告（比如人身保险中被

保险人的体检报告）。

（4）保费收据。

（5）变更保险合同的申请。

（6）发生保险事故的通知+索赔申请+损失清单+损失鉴定。

### 2. 合同的成立和生效

《中华人民共和国保险法》第十三条规定：

"投保人提出保险要求，经保险人同意承保，保险合同成立。保险人应当及时向投保人签发保险单或者其他保险凭证。

保险单或者其他保险凭证应当载明当事人双方约定的合同内容。当事人也可以约定采用其他书面形式载明合同内容。

依法成立的保险合同，自成立时生效。投保人和保险人可以对合同的效力约定附条件或者附期限。"

保险合同的生效就是依法成立的保险合同条款对合同当事人（投保人和保险人）产生约束力。只有当事人的行为符合保险合同所附的条件或者达到所附期限时，保险合同才生效。假如在订立保险合同时约定缴纳保费后合同才生效，那么在我们没缴纳保费之前，保险合同还是无效的。

### 3. 保险合同有效的条件

保险合同有效的条件包括以下几点：

（1）合同主体（保险人、投保人、被保险人、受益人）都必须具有法律规定的主体资格。

（2）主体合意，签订保险合同的当事人双方的意思表示一致，不存在任何一方对他方的限制和强迫。

（3）客体合法，投保人对投保的标的具有的保险利益必须符合法律规定和社会公共利益需求，为法律所保护。

（4）合同内容合法，不得与法律和行政法规的强制性或者禁止性规定相抵触。

### 4. 不具备法律效力的保险合同

保险合同的无效分为全部无效和部分无效。全部无效是保险合同约定的全部权利和义务一开始就不产生法律效力；部分无效是保险合同中某些条款的内容无效，但其他部分的内容依然具有法律效力。以下是导致保险合同无效的常见原因。

（1）合同主体不合格。

（2）保险合同的内容不合法。

（3）保险合同当事人意思表示不真实。

（4）保险合同违反国家利益和社会公共利益。

### 5. 订立保险合同的两个步骤

订立保险合同是一种经过协商后最终达成协议的法律行为，建立在保险公司和投保人平等自愿的基础上。保险合同的订立要经过两个步骤：要约和承诺。

要约也叫"订约提议"，指的是一方当事人就订立合同的主要条款向另一方提出订约建议的明确的意思表示。提出要约的一方被称为要约人，接受要约的一方被称为受约人。投保人提出保险要求的行为就是要约，具体而言就是填写投保单等。

承诺也叫"接受提议"，指的是当事人一方表示接受要约人提出的关于订立合同的建议，完全同意要约内容的意思表示。要约一经承诺，合同就宣告成立。在订立保险合同的过程中，一般是由投保人提出要约，保险公司做出承诺。

阅读保险合同的要点

我们在购买保险时，保险代理人会提供现成的保险合同。认真阅读理解保险合同是避免买错保险、花冤枉钱的不二法门。在阅读保险合同时，以下内容要牢记于心。

1. **核实基本信息**

我们在投保时要确认保单的真实性，经过专业的保险代理人来核实，同时通过保险公司热线电话和官方网站进一步核实。有些保险公司会在我们签订合同之后，让专业的客服人员打电话与我们确认保险合同的相关事宜。只要如实回答即可。

核对基本信息的重点是：合同中的投保人、被保人和受益人的姓名，以及身份证号码是否有误；保险品种与保险金额、每期保费是否与自己的要求相一致；投保单等资料的签名是不是自己的亲笔签名。

2. **反复阅读保险责任条款**

保险责任条款的约定决定了你能得到哪些保障。要仔细阅读、反复阅读，弄清楚每一个条款是否跟保险代理人此前介绍的内容一致。这样才能避免在签订合同时双方对保险责任条款的理解出现分歧，给后续事宜造成麻烦。

3. **细看责任免除条款**

责任免除条款用来约定某些保险公司不承担责任的特殊情况。假如合同约定的保险事故发生在责任免除条款的范围内，我们是不会得到保险公司理赔的。所以，我们一定要阅读清楚，在购买保险之后避免遇到这些保险公司不承保的事故。

4. **记住保险合同的关键节点**

保险合同中有几个期限是关键节点，对维护我们自身的合法权益非常重要。虽然保险代理人一般会提醒你，但你也要记住以下内容。

（1）保险空白期。

从投保人缴纳保费到保险公司出具正式保单之前的这段时间是保险空白期。虽然我们花了钱，但还没真正完成投保。万一在保险空白期遭遇事故，保险公司是不承担保险责任的。

（2）观察期。

观察期也叫"等待期"，保险合同生效后的一定时间内（通常是90～180天）都属于观察期。保险公司在此期间也不承担保险责任。

（3）犹豫期。

我们签收保险单之后的一定时间内（通常是10天），如果对自己购买的保险不满意，不想投保了，就可以无条件退保，并且拿到应该退还的保费。这个时期就是犹豫期，你在此期间还能犹豫一下要不要坚持最初的决定。如果改变主意了，就一定要在犹豫期及时退保。

（4）宽限期。

第一次缴纳保费后，如果我们在各期没有及时缴费，保险公司会给我们60天的宽限时间。这就是宽限期。只要在宽限期内缴纳了保费，保险合同就继续有效。假如我们一时忘记及时缴纳保费，保单在宽限期内也不会立即失效。

### 5. 认清保险的退出机制

所谓退出机制，指的是保险合同中关于退保的各种规定。大多数保险都可以在10天的犹豫期内全额退款。当然，我们在犹豫期过后感到后悔了，也可以在任何时候要求解除保险合同，得到相应的退款。只不过不像在犹豫期时退出那样能得到全额退款。以下是常见的中途退保方式。

（1）退保。

投保人停止缴费，保险公司只退还保险合同上的现金价值额。

（2）减额付清。

投保人停止缴费，但不要求领回相应的款项，而是让保险继续有效，但保障范围会因此缩小。

（3）保单质押。

在正常的保险期内，投保人需要向保险公司借款，一般能得到现金账户价值70%左右的借款，在此期间仍然可以享受保单上的保障。

### 本节小结

在现代法治社会，合同契约的重要性不言自明。因保险合同引发的纠纷十分常见。有的是因为保险代理人刻意隐瞒，但消费者自己对相关条款看得不细是最根本的原因。因此，我们在签订保险合同之前，一定要仔细核对、反复确认相关条款的真实含义。总之，我们要充分利用法律武器来保障自己在合同中约定的权利。

# 第 三 章

## 你的家庭责任感，一半在人寿保险里

人寿保险是最原始也是最重要的险种之一，对保障家庭经济有着不可估量的重大意义。所有投过保的消费者都买过人寿保险。大多数人投保人寿保险的目的是，担心自己或其他被保险人死亡后，家人的生活无以为继。他们投保是出于对家人的未来考虑。这种未雨绸缪的做法，充分体现了投保人的家庭责任感。

# 最原始又最无私的人寿保险

→ 请思考

- 什么是人寿保险？
- 人寿保险能给我们的家庭生活带来哪些保障？
- 为什么有人说人寿保险是最无私的保险？

人寿保险的全称是"人身寿命保险"，简称为"人寿险"或"寿险"。这是保险发展史上最早出现的险种，也是我们在生活中接触最多的险种。

如果以被保险人的死亡为保障对象，当被保险人在保险合同期间内去世，保险公司就会按照合同约定的保额赔付一笔钱。比如合同上约定保额是20万元，当被保险人去世时，保险公司会一次性赔付20万元。这是最简单的人寿险，也是我们用得最多的人寿险。如果是以被保险人的生存为保障对象，只要被保险人在合同期内一直活着，保险公司就会赔钱。但这种只把生存作为赔付标准的保险赔付额度没那

> **保险小知识**
>
> 人寿险并非所有死亡方式都会赔钱。假如被保险人属于保险生效两年内自杀、恶性犯罪时被警察果断击毙、吸毒致死、酒后驾车造成交通事故致死等情况，保险公司是不会理赔的。当然，这些条款一开始就会在保险合同里注明。

么多。

还有一种既保生存又保死亡的人寿险被称为"生死两全险"（简称"两全险"），无论被保险人在合同期内是死是活，保险公司都会给赔付款。但两全险实际上是一种收益很低的理财产品，保障功能不如第一种人寿险。所以我们在此主要讨论的是以被保险人的死亡为保障对象的人寿险。

无论是哪一种人寿险，都限定被保险人必须是在保险合同规定的保障期限内死亡。只要在保障期限内，哪怕被保险人在保险生效后不久就不幸身故，保险公司也照赔不误。但是，当被保险人在保障期限之外的时间点去世，保险公司是不会赔付的。

也许有些朋友会想，人都死了赔钱有什么用？还有一些朋友以为，只要买了人寿险，保险公司就会千方百计地保护自己的生命。这两种观点都是对人寿险和保险公司的本质存在严重的误解。

保险公司不是安保公司，不对你的生命提供全方位的保障。保护你生命安全的依然是你自己。保险公司只负责在保险事故发生之后，赔付一笔钱给你作为经济补偿。换言之，买了人寿险不代表你的生命变得更加安全。

有了人寿险，你依然要对自己和家人的生命安全负责。因为它无法帮助你挽回悲剧，增加的只是经济保障，而不是对人本身的保障。人寿险真正的用途是在被保险人不幸去世时，给家人留下一笔补偿经济损失的费用，让他们不至于在悲痛之余背上沉重的经济负担，加剧生活的艰辛。

根据《中华人民共和国保险法》规定，人们购买人寿险时可以为自己投保，也可以为父母、配偶、孩子投保。从这个意义上说，人寿险是一种最无私的保险，对你关爱的任何人都可以提供保障，只要你在合同上将其定为受益人。

不过，保险公司对高龄老年人、久治不愈的重病患者、从事高危工作的人、准备前往战乱地区这几类人的投保限制条件很多，不满足一定的条件难以投保。

大家要牢记一点：所有的人寿保险只有符合保险公司健康标准时，才允许人们投保。达不到这个硬性要求，保险公司是不会让你投保的。

### 本节小结

人寿保险可能是大多数消费者最先接触的险种。即使没有买过保险，也知道平安人寿、泰康人寿之类的保险公司卖的是人寿保险。人寿保险本质上是一种金融工具，保障的不是你的生命和健康，而是家庭经济安全。

# 不同类型的人寿险的特点及优劣

➡请思考

- 人寿险分为哪些类型？

- 不同的人寿险各有哪些特征？

- 哪一种人寿险是最好的选择？

我们在挑选人寿险产品的时候会发现，人寿险包含了几种不同的类型，主要分为消费型人寿险、返还型人寿险、理财型人寿险三大类。哪一种人寿险最值得我们选择？要解答这个问题，就得先认清这三种人寿险各自的特点及优缺点。

## 1. 消费型人寿险

消费型人寿险的特点是：客户与保险公司签订合同，在保障期限内如发生合同约定的保险事故，保险公司按原先约定的额度予以赔偿。如果被保险人在保障期限内未发生保险事故，保险公司就不退还客户所交的保费。

如果你买的是消费型人寿险，在合同生效之后，在按期足额缴纳保费的前提下，只有去世了才能得到保险公司的赔付款。所以如果你一直活得很好，当保障期限结束后，保险公司是不会把钱退给你的。这就像是花钱消费了一样产品，钱不会再返还回来。故而将其称为消费型人寿险。

## 2. 返还型人寿险

返还型人寿险又称储蓄型人寿险，即被保险人存活至约定年限后，保险公司返还客户所交保费或者合同列明的保险金额的一种保险。如果你买的是返还型人寿险，只要在合同生效后按期足额缴纳保费，被保险人在保障期限内去世，保险公司就会按约定赔一笔钱。如果被保险人一直活得很好，在保障期内没有去世，保险公司就会退还客户所交的一部分甚至全部保费。

返还型人寿险除了保障功能外，还有类似银行零存整取业务的储蓄功能（前提是被保险人没有在保障期限内身故）。由于"返还"二字，许多人觉得买返还型人寿险无论生死都不会吃亏，保费都会被退还。

但是，返还型人寿险在保额、保障期限、被保险人性别年龄等要素相同的情况下，需要客户缴纳的保费比消费型人寿险更高。保险公司最终会返还部分甚至全部保费，承保风险比消费型人寿险高，所以会设置更高的保费来维持运营成本和增加收益。

## 3. 理财型人寿险

理财型人寿险的别名有投资型人寿险、收益型人寿险、两全型人寿险等。这是一种兼备保险保障和投资功能的新型保险产品。客户买理财型人寿险，保险公司用客户交的保费进行投资理财，争取利益最大化，再把一部分收益分给客户。这就是理财型人寿险的特征。

理财型人寿险可以帮助我们对资金进行合理规划，避免因疾病或者灾难造成经济困难，并且还能使我们的资产增值。在合同成立之后，只要我们按期缴纳保费，一旦被保险人在保障期限内去世，保险公司就要按照约定给付赔偿款。如果被保险人在保障期限内活得很好，保险公司也要按照约定给付分红收益。

三种人寿险各有特点。对于保险公司而言，售卖返还型人寿险和理财型人寿险的利润更高。但对于消费者来说，选择消费型人寿险的性价比更好。因为在三类保险中，消费型人寿险每年要缴纳的保费最低，在需要赔付的时候可以用更少的保费获得更高的赔付额度。而返还型人寿险和理财型人寿险的保费较高。如果是以提高家庭经济抗风险能力为首要目的，不太在意保险的收益，还是选择消费型人寿险最划算。

## 本节小结

　　无论侧重点是什么，所有种类的人寿险都属于具有保障性质的保险。保障的意义就是人寿险的最大意义。人寿险在投保人生前就明确了受益人，在分割遗产的时候有利于保护我们想保护的人，具有减少家庭矛盾纠纷的作用。从这个意义上说，选购人寿保险能体现出一个投保人的家庭责任感。

# 家中最需要人寿险的人是谁

· 有人说"给自己投人寿险不是爱自己，而是爱家人"，是这样吗？

· 家里的未成年人应该投人寿险吗？

· 为家中的老年人购买人寿险是否划算？

人寿险的意义不是给被保险人的生命提供安全保障，而是防止被保险人去世后其他家庭成员生活窘迫。在为谁投保这个问题上，必须牢记这个出发点，因为人寿险里面承载的家庭责任感跟对家人的爱未必一致。

> **保险小知识**
>
> 《中华人民共和国保险法》第三十三条规定："投保人不得为无民事行为能力人投保以死亡为给付保险金条件的人身保险，保险人也不得承保。父母为其未成年子女投保的人身保险，不受前款规定限制。但是，因被保险人死亡给付的保险金总和不得超过国务院保险监督管理机构规定的限额。"
>
> 银保监会目前给不满10岁身故的被保险人制定的最高赔偿额度是20万元，不满18岁身故的被保险人最高赔偿额度是50万元。

## 1. 给孩子购买人寿险的意义不太大

对于正常的家庭来说，孩子就是希望，应该好好呵护。有孩子的家庭，可以说大多数开支都花在了孩子身上。随着养育成本越来越高，这样的开支只多不少。但给孩子购买人寿险的意义并不太大。

家中的未成年人没有收入来源，不承担养家糊口的责任。而人寿险的设计目标着眼于补偿因被保险人身故而造成的收入来源锐减等经济损失，跟未成年人的关系最小。再加上国家为了控制监护人的道德风险，对未成年被保险人的最高保额有所限定。为孩子购买人寿险，花的保费多，所获赔偿款却少，对全家的保障作用不大。

2. 给老年人购买寿险的意义也不大

老年人需要更多的钱来养老，这是没错的。但给老年人买人寿险并不能达到这个目的。因为老年人一般有养老金，而且大多已经不再担负为家庭创造财富的责任。所以为其购买人寿险的意义不大，应该挑选其他老年人更需要的险种。

当然，也存在特殊情况。有些老年人依然是全家的经济"顶梁柱"，这时就要购买人寿险了。大多数保险公司的人寿险对被保险人的年龄有限制，一般不接受60岁以上的老年人投保。就算有些保险公司的人寿险接受年过花甲的老年人投保，保费也会很高。即便如此，由于这样的老年人承担了全家最重的家庭经济责任，一旦去世就会让全家人的生活变得拮据，因此还是有必要购买人寿险来保障生活。

3. 最需要人寿险的是家庭经济支柱

中年人一般是家庭经济支柱，是全家收入的主要来源。一旦中年人遇到不测，就会让全家收入锐减，生活水平急剧下滑。这样的人最需要的正是人寿险。万一不幸去世，也能留下一笔赔付款来供家人继续维持生活。人寿险可以解除他们的后顾之忧，使他们更加放心地为全家人的幸福而奋斗。因此，作为家庭经济支柱的人（无论是中青年还是老年人）给自己投保，是人寿险的主流。

总之，最该买保险的人不是家中看起来最弱小、最需要保护的成员，恰恰是看起来最强大的主要经济支柱。别让家中的主要经济支柱"裸露"在风险中，是购买保险时的重要原则。把主要经济支柱定为被保险人，把受益人定为其配偶、子女或父母，同样可以起到保护家中老弱的作用。

### 🛡 本节小结

我们要时刻牢记，人寿险只是一种金融工具，而不是情感工具。保险公司只负责按照合同约定支付理赔款，帮助投保人减轻家庭经济负担，并不承担帮助投保人走出心灵创伤的义务。为此，我们在购买人寿险时要从经济的角度为全家人争取更多的利益，选择投保人的时候应该优先考虑养家负担最重的人。

# 在保额与保费之间寻找平衡点

> **➡请思考**
>
> ● 高额人寿险值不值得购买？
>
> ● 投保多少保额才能发挥人寿险的作用？
>
> ● 如何在保额与保费之间寻找平衡点？

　　人寿险保障的主要是全家的经济支柱。那么应该选择多少保额才能起到良好的保障效果呢？理论上，投保人选择的保额越高，受益人在被保险人身故后获得的赔付金额也越高。但这样一来，需要缴纳的保费也会更多。如果为了节省保费开支而减少保额，又会让赔付款的数额下降，到时候就起不到足够的经济补偿作用。

　　过多的人寿险保费支出会影响全家经济的稳定性，也会影响我们购买其他险种的预算。由此增加的保额可能超出了我们的实际需求。大家在购买人寿险的时候，应该设法在保额与保费之间寻找一个平衡点，以免花的钱和获得的保障不成正比。

　　为了降低运营成本和赔偿风险，大多数保险公司一般自己都会根据投保人年龄、性别设置一个上限，客户只能在这个保额限制范围内选择保额。此举的另一个用意是降低无良投保人造成的道德风险事件和极端骗保行为的发生概率。

由于物价上涨等因素，100万元的保额有时候可能还不足以满足我们对家庭经济支柱的保障需要。既然保险公司对人寿险的最高保额设有限制，那么我们就得想别的办法来增加保额。有以下两种思路可以借鉴。

### 1. 投保多份人寿险保单

在不同的保险公司给自己投保人寿险，可以叠加出更高的保障额度。人寿险可以多份叠加，不同的人寿险合同之间不会发生相互干扰和抵触。不过，保险公司对同一个被保险人投保多份人寿险的行为也不是完全没有限制。

有的公司会在投保告知书里询问："您（被保险人）是否已有或正在申请除本公司以外的人寿保险，且保额累计超过200万元？"如果回答"是"，就可能会被该公司拒保。因为保险公司对一个普通人追求高额人寿险的行为会产生怀疑，以防有些人冒充身体健康人士骗保。于是，有些保险公司在被保险人选择50万元以上的保额时，会要求你提交体检报告或验证收入能力、工作单位，以防骗保。

换言之，想通过叠加投保多份人寿险保单的方式来增加保障额度，必须以证明自己具有较高的人寿险投保价值为前提。这种做法适用于收入稳定的普通家庭投保人。

### 2. 让保险公司为自己量身定制超高保额人寿险

有些收入很高的投保人，比如公司老板、企业高管等，不适合用投保多份人寿险保单的方法。因为他们要求的保额更高，保费交得更多，担负的社会责任更重，对超高保额的人寿险有强烈的需求。200万元的保额并不足以满足其需要。此类投保人可以单独联系保险公司，商量出一个个性化定制的超高保额人寿险方案。

许多家庭的经济实力有限，不可能花一大笔钱买保险。高保额必然要缴纳高保费。在没出现风险的时候，过多的保费投入是一种浪费。保险行业总结的"双十原则"是一个简单实用的计算方法，它是指家庭年交保费占家庭年收入的10%，也就是风险保额要达到家庭年收入的10倍。无论我们收入高低，都可以借助这个公式来减少不必要的开支，以维持家庭的收支平衡。

## 本节小结

高额人寿险不是轻易就能买到的。因为保险公司在承保高额人寿险时会特别谨慎，制度上的限制和要求也更多。况且，高保额意味着高保费。我们在人寿险上投入的保费越多，在其他方面的开支额度就越少，无助于改善生活质量。

# 正确处理保障时间与保费之间的矛盾

**➡ 请思考**

- 我们有无必要购买终身人寿险？
- 人寿险的投保期限越长越好吗？
- 我们应该选择多长的人寿险投保期限？

保障时间是人寿险的一个关键参数。我们在购买人寿险的时候，选择不同长度的投保期限会产生不一样的效果。保障期限越长，对被保险人提供的实际保障时间就越久，受益人获得保险赔付的概率也就越高，但要交的保费也越多。如果保障期限设置得太短，虽然节约了保费支出，但实际上起不到太大的作用。

由此可见，延长保障时间和减少保费支出是矛盾的。我们需要寻找一个平衡点，既让自己获得充足的保障，也能避免保费负担过重的情况。我们先来简单了解一下人寿险的保障期限类型。

## 人寿险的三种保障期限

人寿险的保障期限通常分为三类：短期人寿险、定期人寿险和终身人寿险。

### 1. 短期人寿险

短期人寿险指的是保障期限为1～3年的短期人寿险产品。其优点是不用花多少保费，缺点是保障作用很小。一个身体健康的正常人在未来1～3年内死亡的概率很小，短期人寿险到期后，不续保就没有保障。因此，对于从事安全系数较高工作的人来说，是不太需要考虑购买短期人寿险的。

### 2. 定期人寿险

定期人寿险又称长期人寿险，指的是保障期限较长的人寿险产品。常见的保障期限有5年、10年、20年、30年等。也有些保险公司把产品的保障期限转换为具体的岁数，比如"保障至70岁"。对于一些想要在未来几年通过寿险来做家庭保障的人来说，购买定期人寿险是一个选择。

### 3. 终身人寿险

终身人寿险指的是可以一直保障到被保险人去世的人寿险产品。这种人寿险的保障时间最长，应交保费也最多，但未必是最合适的选择。一些计划周全，出于对整个人生阶段考虑的人，可以将终身险作为自己的选择。

**选择人寿险保障期限的基本原则**

选择短期人寿险的价值不大。选择保障期限为5年的定期人寿险，被保险人获得赔付的概率也不是很高。选择保险期限长达50年的人寿险，获得赔付的概率就很高了。从这个角度看，延长人寿险的保障期限对我们是有利的。许多人因此接受了保险代理人的建议，购买终身型人寿险。他们觉得这样缴纳的保费肯定不会白交，总有一天能拿到赔付款。

其实这个想法并不完全合理，因为没有综合考虑自己在不同年龄段的实际保障需求。为此，我们在选择人寿险保障期限时应该遵循以下原则。

**1. 让人寿险的保障期限覆盖被保险人的主要创收年龄段**

人寿险的首要投保对象是家中的经济支柱。因为对家庭经济贡献最大的人恰好处于主要创收年龄段，劳动能力最强，收入水平最高，能交得起更多的保费，也需要更高的保额。

定期人寿险之所以设定10年、20年、30年等保障期限，或者"保障至60岁""保障至65岁"，也是考虑到人们的主要创收年龄段是在成年后至退休之前。这样设定的保险期限一般不超过人们的预计退休年龄。过了这段时期，我们就成了老年人，人寿险的投保价值就会大大下降。

**2. 被保险人收入越高的年龄段，保额也应该设置得越高**

被保险人从参加工作到退休的时候，收入水平是有升有降的。人寿险设立的目的是补偿被保险人因去世而造成的经济损失。被保险人的收入越高，需要补偿的赔付款也越多，人寿险的保额就应该设置得更高一些。

我们在挑选人寿险的时候，可以根据自己在各个年龄段的收入水平来调整保额。收入增长的时候提高保额，收入下降时适当减少保额。让保障时间和保费处于一个相对平衡的状态，以求在保障期限内获得较为充分的保障。

**3. 慎重选择终身型人寿险**

一味偏好终身型人寿险其实是一个不明智的做法。因为它的赔付比率虽然是百分之百，但设置的保费也更高。如果你对保费支出的承受力较弱，购买终身型人寿险会让你的负担过重。如果盲目选择终身型人寿险，在我们晚年的时候多交的保费意义不大。还不如根据自己的需要选择一个保障期限较长的定期人寿险。

**本节小结**

　　人寿险的保险期限不宜设置得太短，但也并非越长越好。不要因为害怕20年保费白交而草率地选择终身险。虽然你早晚都会拿到保险公司的赔付款，但要交的保费也会大大增加，家庭经济负担会随之变重。人寿险的保障期限应该覆盖被保险人的主要创收年龄，在收入高的阶段选择更高的保额。终身型人寿险通常不是最佳的选择。

# 读懂免责条款里的除外责任

**➡请思考**

- 什么是人寿险的责任免除条款?

- 这些免责条款里通常会隐藏哪些不予赔付的条件?

- 我们应该如何看待这些免责条款?

当人寿险的被保险人在保障期限内去世时,保险公司会按照合同约定给付赔付款。但是并非所有的死亡方式都能从保险公司那里得到赔偿。只有符合合同约定的死亡方式才行,否则保险公司会利用合同中的责任免除条款来拒绝赔付。

责任免除条款是被保险人因某些死亡方式而死亡时,保险公司免除承包责任,不会赔付一分钱。这在法律上是被支持的。所以我们在购买人寿险时,必须认真阅读保险公司在合同中注明的免除责任条款。

接下来,我们一起来看看最常见的八种责任免除条款。如果是因为以下情况导致被保险人身故,保险公司是不必承担责任的。

### 1. 投保人或受益人对被保险人的故意行为导致被保险人死亡

几乎所有的保险都会出现类似的免责声明。也就是说,如果被保险人的死亡是投保人或受益人故意造成的,保险公司是不会赔钱的。这个条款是为了防止投保人或受益人为了骗取高额保险金而故意造成被保险人死亡，以降低其道德风险。

**2. 被保险人因故意犯罪、拒捕而导致死亡**

这个免责条款也是所有人寿险产品中都会提到的，只是具体描述存在差异。被保险人在保险期内不管是正常死亡还是意外死亡，都属于保险公司理赔的范围。但有些被保险人从事违法犯罪活动，若因此导致死亡，保险公司可以用被保险人违法犯罪在先的理由拒绝赔付。

**3. 被保险人因服用、吸食或注射毒品导致死亡**

服用、吸食或注射毒品不仅有害生命健康，还是很恶劣的违法行为。如果被保险人因此致死，保险公司可以用被保险人违法犯罪在先的理由拒绝赔付。

**4. 被保险人在本合同生效（或复效）之日起两年内自杀**

有些被保险人本来已决心寻死，为了获得一笔赔偿金给受益人而在投保后才自杀。这是一种骗保行为。原本绝大多数保险公司是对被保险人自杀而亡的情况完全不予赔付的。但由于保险行业竞争激烈，保险产品的免责条款也趋于人性化。一般是保险合同生效两年内自杀的不予赔付。已经满两年才自杀的，还是会正常赔付的。

**5. 被保险人因酒后驾驶、无有效驾驶执照驾驶，或驾驶无有效行驶证的机动交通工具导致死亡**

在现实中，被保险人因酒后驾驶、无有效驾驶执照驾驶，或驾驶无有效行驶证的机动交通工具导致死亡的情况十分常见。所以保险公司制定了这条免责条款，以免被这些违法犯罪分子钻了空子。

**6. 被保险人感染艾滋病毒（HIV呈阳性）或患艾滋病（AIDS）期间死亡**

遇到这种情况，大多数保险公司是不予赔付的。不过，也有一些保险公司的条款是："被保险人感染艾滋病毒导致身故的，保险公司不予赔付，但因医疗事故等非自身原因感染艾滋病毒的除外。"

**7. 被保险人因战争、军事行动、暴乱或武装叛乱而死亡**

这条是所有人寿险产品合同都会包含的免责声明。战争、军事行动、暴乱或武装叛乱对于保险公司来说是不可抗力因素，无法控制风险，故而只能出台免责声明。

**8. 被保险人因核爆炸、核辐射或核污染及由此引起的疾病而死亡**

这条是所有人寿险产品合同都会包含的免责声明。核爆炸、核辐射或核污染及由此引起的疾病对于保险公司来说是不可抗力因素，无法控制风险，故而只能出台免责声明。

有些保险公司制定的免除责任条款只有四五种，有些则有七八种。"责任免除"条款越少，对投保人和被保险人越有利。但一般情况下，保险公司都会把保险行业公认的"责任免除"条款想办法放进合同中，对给付赔偿款做出限制。这是我们在购买人寿险时必须要弄清楚的。

### 🛡本节小结

　　许多消费者对人寿险的免责条款看得不仔细，以为只要被保险人身故就一定能得到赔付。当不幸遭遇真的发生时才发现，保险公司可以不赔付，并且法律支持这种行为。为此，我们买人寿险时要注意看清除外责任，并且在生活中要避免出现除外责任中提到的情况。

第 四 章

## 备好重大疾病险，减少因病致贫的隐患

　　现代社会的医疗高度发达，人们的平均寿命处于历史最高水平。但与此同时，快节奏的工作生活方式导致越来越多的人处于亚健康状态，重大疾病患者在各个年龄段都有明显增加。许多小康家庭和中产家庭出现了因病致贫的悲剧。重大疾病险就是针对这种现象推出的一种基本的保险产品，它也被称为"人生的第一份保险"。通过合理投保重大疾病险，家庭成员将在治疗重大疾病时获得更多保障，家庭抗风险能力也能有效提高。但前提是我们能正确运用相关的保险知识。

# 重大疾病险的三个关键点

**➡请思考**

- 什么是重大疾病险?
- 重大疾病险只赔付什么样的疾病?
- 重大疾病险在什么情况下才会赔付?

重大疾病保险简称重疾险。当被保险人在保险期间内不幸患上合同约定的重大疾病并确诊后(注意是"确诊后"),保险公司会按重大疾病保险合同的约定来给付保险金。

有些重大疾病的治疗过程复杂,不容易痊愈,而且需要高昂的治疗费用。许多家庭因为有人得了重病,很快就花光了多年的积蓄,背上了沉重的债务,沦为贫困家庭。假如事前购买了重疾险,就能用保险金来支付一部分治疗费用。让生病的被保险人多一分治愈的希望,让家人少一分返贫的负担。

为此,我们在购买重疾险时,先要弄清这个险种的三个关键点,以免对这个险种产生不必要的误解。

**1. 不是所有的病都能赔付**

重疾险和商业医疗险不一样,不是什么疾病都能赔付。它的保障范围仅限于"合同指定的重大疾病"。关于重疾险承保的有哪些重大疾病,我们将在下个小节中详细说明，在此不再赘述。你只要明白，重疾险不是什么病都能赔付。

此外，就算得了合同指定种类的重病，也要达到相应的病理标准。否则，即使你得了比较严重的疾病，也不会被保险公司列入赔付范围内。

有些人可能会担心保险公司会故意不把某些重大疾病列入保障范围，还会在"病理标准"上玩文字游戏。这个不必担心，国家已经出台了相关的法律法规，对重大疾病的定义和病理标准做出了统一的规范。

**2. 什么时候赔付是关键**

我们购买重疾险的目的是保障家庭经济不会因病返贫。重疾险的赔付款主要是用于支付被保险人的大额诊疗费用。什么时候赔付这笔钱，是投保人最关心的问题之一。

普通人一旦被医院确诊患有某种重大疾病，就应该在最佳治疗期内尽最大努力去配合医院治疗，这样才不至于让病情因拖延而恶化。保险公司一般会在重疾险合同中明确说明"确诊即赔付"。当然，确诊不是你口头说明就能生效的，必须到保险公司认可的医院，找到专科医生开具疾病确诊报告，必要时还要附上相关的化验单据、病理报告等证明。

绝大多数保险公司要求的确诊医院一般是"境内公立医院"，而此类医院的分院、联合病房、联合病床出具的确诊报告都不会被认可。

"保险公司认可的专科医生"也是一个硬性要求。目前国内保险公司对专科医生的要求级别一致，符合以下级别条件即可。

（1）具有有效的中华人民

> **保险小知识**
>
> 重疾险要求开具的病情确诊报告并非随便一家医疗机构就能开具的。保险公司会在重疾险合同条款的"确诊医院"里做详细说明。因此，我们不要去保险公司不认可的医疗机构开具确诊报告，那样是无法获得赔付的。

共和国《医师资格证书》。

（2）具有有效的中华人民共和国《医师执业证书》，并按期到相关部门登记注册。

（3）具有有效的中华人民共和国主治医师或主治医师以上职称的《医师职称证书》。

（4）在二级或二级以上医院的相应科室从事临床工作三年以上。

也就是说，当我们按照规定拿到相关医院的专科医生开具的病情诊断报告或者化验报告后，就可以联系保险公司启动理赔程序了。在病情确诊报告资料齐全且有效的情况下，保险公司通常在两三个工作日内就能把赔付的保险金打入被保险人的银行账户。

### 3. 能赔多少钱

重疾险和人寿险都属于给付型保险，发生保险合同约定的事故后直接向被保险人给付保险金。也就是说，重疾险保单合同约定的保额是多少，保险公司就在出险时一次性赔给被保险人多少钱。需要指出的是，保险公司按保额给付的保险金与被保险人的实际花费无关。

### 🛡 本节小结

我们购买重大疾病险的最终目的依然是保障家庭经济。但跟人寿险的保障目标不同，重疾险的赔付款主要用于被保险人的诊疗支出。保险公司一般会在合同中明确说明"确诊即赔付"。我们在购买合同时一定要确认相关条款。在需要理赔的时候，记得先在保险公司认可的正规医院由专科医生开具疾病确诊证明。

# 有多少重大疾病需要承保

**→ 请思考**

- 哪些疾病属于保险公司认可的重大疾病？
- 这些重大疾病的判定依据是什么？
- 是否一患上重大疾病就能得到保险公司的赔付？

重大疾病并非特指某一种疾病，而是概括了许多严重疾病。哪些疾病才算保险公司定义的重大疾病？被保险人病到什么程度时，保险公司才会赔付？保险公司会不会为了减少赔付而刻意把某些高发的疾病种类排除在保险合同之外？这些都是消费者非常在意的问题。

就实而论，2007年之前的重疾险市场很混乱，各家保险公司对承保疾病的种类、数量、病理严重程度的规定千差万别。有些不厚道的保险公司为了降低风险和成本，在重大疾病的定义和承保范围上动手脚，导致某些产品实际上起不到真正的保障作用。

为了解决这个乱象，当时的保监会在2007年8月1日正式发布了一份名为《重大疾病保险的疾病定义使用规范》（以下简称《规范》）的官方文件，强制要求所有保险公司在制定重疾险产品时都必须采用《规范》中的内容和条款来确定各种疾病的承保范围和定义。

### 《规范》中25种最重要的疾病种类

《规范》是由中国保险行业协会和中国医师协会共同组成的"重疾险专家委员会"研究制定的，里面纳入了25种重大疾病。这些重大疾病的发病率占国内所有重大疾病发病率的98%。按照发病率从高到低的顺序，这25种重大疾病分别是：

（1）恶性肿瘤——不包含部分早期恶性肿瘤（也就是大家最熟悉的癌症）。

（2）急性心肌梗死。

（3）脑中风后遗症——永久性的功能障碍。

（4）重大器官移植术或造血干细胞移植术——须异体移植手术。

（5）冠状动脉搭桥术（或称冠状动脉旁路移植术）——须开胸手术。

（6）终末期肾病（或称慢性肾功能衰竭尿毒症期）——须透析治疗或肾脏移植手术。

（7）多个肢体缺失——完全性断离。

（8）急性或亚急性重症肝炎。

（9）良性脑肿瘤——须开颅手术或放射治疗。

（10）慢性肝功能衰竭失代偿期——不包括酗酒或药物滥用所致。

（11）脑炎后遗症或脑膜炎后遗症——永久性的功能障碍。

（12）深度昏迷——不包括酗酒或药物滥用所致。

（13）双耳失聪——永久不可逆。

（14）双目失明——永久不可逆。

（15）瘫痪——永久完全。

（16）心脏瓣膜手术——须开胸手术。

（17）严重阿尔茨海默病——自主生活能力完全丧失。

（18）严重脑损伤——永久性的功能障碍。

（19）严重帕金森病——自主生活能力完全丧失。

（20）严重Ⅲ度烧伤——至少达体表面积的20%。

（21）严重原发性肺动脉高压——有心力衰竭表现。

（22）严重运动神经元病——自主生活能力完全丧失。

（23）语言能力丧失——完全丧失且积极治疗至少12个月。

（24）重型再生障碍性贫血。

（25）主动脉手术——须开胸或开腹手术。

《规范》对上述25种重大疾病的定义和病理标准都做了准确说明。各家保险公司可以灵活地选择25种疾病来设计重疾险产品的承保范围，但必须准许一定的保险产品命名规则，以免误导消费者。比如，有些保险公司选择发病率最高的恶性肿瘤，制定了"××防癌险"或"××恶性肿瘤疾病保险"，这是合乎规定的。如果命名为"××重大疾病保险"，则违背了《规范》的要求。

### 重大疾病险的承保范围

自从2007年《规范》正式实施之后，各保险公司的重大疾病保险产品的保障范围必须包括上述25种疾病中发病率最高的前6种疾病。因为这6种重大疾病的发病率实在太高了，占重大疾病患者中的绝大多数。只有承保范围覆盖了前6种疾病的保险产品，才有资格叫重大疾病保险。

此外，各公司的重疾险产品在合同条款中对这6种疾病的定义和病理标准的描述必须与《规范》中的保持一致。这是银保监会的强制要求。当然，保险公司推出的大多数重疾险产品，都会把《规范》中的25种重大疾病完整纳入承保范围。这样做实际上没增加太多产品成本，也比只承保6种疾病对消费者更有吸引力。

有些公司的成品在此基础上还会自行增加其他承保的疾病种类，承保的范围甚至超过了100种，有的还额外添加了部分轻症疾病和中症疾病的赔付责任。这看上去很有保障力，实则华而不实。因为承保的病种越多，保费越贵。而《规范》中的25种重大疾病之外的疾病发病率极低，很少有人能获得相应的保障效果。我们在挑选重疾险的时候不要盲目追求增加疾病承保数量。

🛡️ **本节小结**

　　我们购买重大疾病险的目的是避免"因病返贫"。但是，保险公司并不是什么重大疾病都会保，只会保障"合同指定的重大疾病"。而且只有被保险人所患疾病达到了相应的病理标准时，保险公司才会执行赔付程序。这就需要我们在生活中注意保证健康，尽量避免患上合同指定之外的重大疾病。

# 选择重疾险优先投保对象的基本原则

**→ 请思考**

- 重大疾病主要发生在哪个年龄段的人群？

- 不同年龄段的人的高发重疾种类有什么差异？

- 家庭成员中谁最需要优先投保重疾险？

　　一个家庭中谁最容易患上重大疾病？谁又应该成为重疾险的优先投保对象？关于这个问题，我们先来看看不同年龄段的人患上重大疾病的概率。

### 各年龄段人群的重大疾病发生率

　　由于快节奏、高压力的生活方式，重大疾病年轻化现象在近年来越发严重。《中国人身保险业重大疾病经验发生率表（2006—2010）》显示，几

**保险小知识**

　　中国保监会于2013年10月30日发布了由中国精算师协会负责编写的《中国人身保险业重大疾病经验发生率表（2006—2010）》。这是我国第一份人身保险业重大疾病经验发生率表，采集了多达7500万条样本保单，涵盖了几乎所有的高发重大疾病种类。次日，保监会发布"保监寿险〔2013〕685号"文件，正式将人身保险业重大疾病经验发生率表作为各保险公司确定重大疾病险和人寿险产品费率的科学依据。

乎各个年龄段的人群都有患上重大疾病的可能性，区别在于各年龄段的发病概率有高有低，而且各个年龄段高发的疾病种类有所不同。

无论是男性还是女性，重大疾病的累计发生率都会随着年龄的增长而增加。其中，48岁以前的男性累计重疾发病率低于女性，48岁之后则高于女性。

男性从53岁开始，女性从54岁开始，累计重疾发病率超过了10%，开始进入重疾高发年龄段，并且发病率的增长速度会不断加快。

因此，重疾险被保险人的年龄越小则费用越低，年龄越大则保费越高。男女患重疾的概率从35岁以后开始明显上升，投保费用也会水涨船高。55岁以后开始进入重疾高发年龄段。

由于赔率高，大多数保险公司都不会允许55岁以上的客户做重疾险的投保人。即使允许投保，限制条件也很多，每年要缴纳的保费也更多。

### 家庭成员中最需要重疾险的人是谁

从《中国人身保险业重大疾病经验发生率表（2006—2010）》的调查结果可以看出，我国居民在各个年龄段都可能发生重大疾病。由于重疾险的赔付金额高，保费自然也比较贵。对于一般的家庭来说，想给家里所有人都购买重疾险是不容易实现的。

为此，我们只能退而求其次，根据每个家庭成员对家庭经济的贡献大小来制定重疾险规划。家中的"顶梁柱"和没什么收入的家庭成员患病的概率也许差不多，但是，当其他成员病倒时，作为全家主要收入来源的"顶梁柱"有更多的钱来支撑局面。而当顶梁柱不幸成为重大疾病患者时，不仅会中断家里的主要收入来源，还会给其他家庭成员造成巨大的负担。

因此，购买重疾险的第一原则是给家中的顶梁柱买足重疾险保障，以便在顶梁柱无法继续工作时，为其提供充足的长期康复治疗费用，甚至是终身服药的费用。这样就不至于让家中的积蓄一下子被花光，从而缓解顶梁柱倒下后造成的生活质量一落千丈的不利局面。这样才能把重疾险的保障功能发挥到最大。

除了顶梁柱之外，那些患重大疾病概率高的家庭成员也是重疾险的优先保护对象。这就是购买重疾险的第二原则。具体人选可根据以下三个标准来选择。

### 1. 年龄在35～50岁之间的人

男性和女性在35岁以后的重大疾病发生率会开始明显增加，50岁以上患重疾的概率更高。所以35～50岁之间的成年男女是患病率高的需要保障的对象。

### 2. 长期抽烟或者喝酒的人

长期抽烟或者喝酒，以及有其他不良生活习惯的家庭成员，患重大疾病的概率比一般人群更高。如果经济条件允许，为他们买重疾险也是很有必要的。当然，大多数保险公司的重疾险产品对严重吸烟者的限制较多。有些保险公司会对"老烟枪"拒保。有些保险公司的重疾险对不吸烟者的保费要求较低，对吸烟者的保费要求较高。

### 3. 血缘亲属中已经有人得了癌症或者其他重大疾病，或者家族内有遗传病史的人

符合这种情况的家庭成员，患与血缘亲属相同类型的重大疾病的概率要比其他人高一些。我们一定要在他们没有患病、身体健康的时候就及时购买重疾险。如果等他们发病的时候再投保是不被允许的。

🛡️**本节小结**

　　患重大疾病的人年轻化是我们不得不警惕的。如今各个年龄段的人群都有患上重大疾病的可能性，而且不同年龄段对应的高发重大疾病种类也存在差异。为此，我们在投保时要注意优先保障患重大疾病概率较高的家庭成员和家中的经济支柱。此外，市场上大多数重疾险产品对被保险人的年龄都有较大限制。

# 根据不同年龄段特点来确定保额与保障期限

**➡ 请思考**

- 被保险人的年龄跟保额、保障期限有什么关系？

- 如何解决重疾险保额和保障期限的矛盾？

- 如何确定不同年龄段的重疾险的保额和期限？

重疾险的保费和保额高度、保障期限以及被保险人的年龄三个因素密切相关。简单说，被保险人的年龄越大，选择的保额越高，设定的保障期限越长，需要缴纳的保费就越多。购买重疾险的时候，必须遵守保额能覆盖大病开销，保期能覆盖重点年龄段，整体保费不超过家庭年收入10%的红线。这就需要我们设法找到不同年龄段中保额、保费、保障期限的平衡点。

## 1. 未成年阶段

人在各年龄段的重大疾病发病率存在差异，其中0～18岁年龄段的发病率较低。这个年龄段恰好覆盖了未成年被保险人。由于这个年龄段的人发病率很低，保险公司给未成年被保险人设置的保费也比较便宜。我们可以用很少的保费来换取较高额度的重疾险保障。

建议在给未成年人投重疾险的时候把保额设在50万元以上。如果家中财力宽裕，又对保险认可度很高，可以考虑投保多份重疾险，叠加出更高的额度。

因为目前已经出现了重大疾病年轻化现象，未成年阶段的被保险人万一得了重大疾病，就会给家庭带来沉重的经济负担。而通过设置较高的重疾险保额，就能解决没钱治病的问题。

关于重疾险的保期，有些保险代理人会建议你给孩子买一份终身型重疾险。其实这个做法并不适用，因为重疾险保期过长的话，将来可能会遇到通货膨胀、货币贬值、医疗费用上涨等因素导致保额实际价值缩水。其实，我们在给未成年人买重疾险的时候，保障期限控制在20年以内即可，或者投保到预计孩子参加工作、经济独立的年龄。这样可以少交一些不必要的保费，保障期限也足够用了。

2. 青年阶段

这里说的青年阶段指的是22～28岁，也就是大学毕业刚参加工作到成家立业之前的时期。这是年轻人刚开始打拼事业的阶段。收入不高，开支不小，事业不稳定，正在逐渐脱离原生家庭，走向经济独立。这个阶段的年轻人一般花在保险上的钱不会太多，挑选保险时会比较重视减少保费支出。

比起人寿险，青年阶段的被保险人更需要的是重疾险和人身意外险。先确定充足的保障额度，再在经济条件允许的前提下适当延长保障期限。因为青年阶段的重大疾病发病率高于未成年阶段，所以其重疾险保费也要高于未成年阶段的被保险人。

保额不能太少，但青年被保险人可以降低一些保障期限要求，以减少保费支出。我们可以先选择一些短期重疾险作为过渡保障，等自己的收入水平较高后再买中长期的重疾险。市场上有许多适合用来短期过渡的1年期重疾险产品，很适合刚工作不久的青年人购买。这种保险的保费不高，可以把保额设在40万元以上。如果已经具备较高的收入水平，可以选择20～30年的保障期限，把保额设在35万元以上或者更高。

### 3. 壮年阶段

这里说的壮年阶段是指28～40岁，家庭责任不断加重的中青年人士。处于本阶段的被保险人如果经济实力较强，应该适当增加重疾险的保障额度，建议35万元起步。在不超过全家年收入10%的"红线"的前提下，保额越高越好。保障期限建议最多设在30年，不建议买终身重疾险。因为终身重疾险的保障年限虽然更长一些，但保费高出许多，不太划算。保障期限只要能覆盖被保险人的主要创收年龄即可。

### 4. 中年阶段

中年阶段对应的是41～55岁。中年阶段的被保险人几乎都是家中的重点保护对象。因为这个时期是一个人家庭责任最重的阶段，上要赡养老人，下要承担子女的教育支出、婚嫁费用，还要承担全家人的大宗开支。正是最需要有力保障的时候。

中年阶段的被保险人一般都购买过重疾险了。如果自己以前投过保，就要对保单进行查漏补缺，看看自己的各种保障有没有漏洞。快到期的重疾险就延长保障期限，此前购买的保额不够用就增加保额，承保的疾病种类要尽可能地覆盖全面。一言以蔽之，就是根据以前保险的不足之处进行针对性调整。

假如此前没有购买过重疾险，投保时的保费会比壮年阶段更高。因为被保险人年龄越大，重大疾病的发病率就越高。人过50岁以后的发病率会快速上升。所以，市场上的重疾险产品大多把投保年龄设定在50岁或55岁以内。

### 5. 老年阶段

这里的老年阶段是指56岁及以上的年龄段。包含了接近退休和已经退休的老年人。绝大多数保险公司是不会让这个年龄段的人投保重疾险的。少数允许投保的公司也会把保费设置得非常高。有个补救措施是挑选一款适合自己的中老年防癌险。

中老年防癌险是一款专门针对中老年人群开发的恶性肿瘤疾病保险，不包含其他的重大疾病类型，所以保费不算太高，投保年龄比较宽松。

## 🛡 本节小结

重疾险的保额、保期和保费三者需要一个平衡点。基本原则是：

（1）能做到保额覆盖大病开销。

（2）保期能覆盖重要年龄段。

（3）整体保费不得超过全家年收入10%的红线。

注意！我们多次提到的保费不得超过全家年收入10%的原则，指的不是单一的重疾险，而是所有已购险种保费的总和。如果一味贪大求全，追求虚高的保额，就会给自己带来不必要的经济负担。保期最长的终身型重疾险，不一定是最佳选择。还应根据被保险人的年龄特点来考虑。

# 重疾险的最大诚信原则和不可抗辩条款

➡ **请思考**

- 什么是重疾险的最大诚信原则？
- 什么是重疾险的不可抗辩条款？
- 仗着不可抗辩条款故意撒谎会有什么不良后果？

最大诚信原则是保险行业的一条重要原则，其出发点是防止某些投保人以隐瞒或者欺骗的方式获得投保资格，损害保险公司的合法权益。最大诚信原则得到了《中华人民共和国保险法》的支持。

根据《中华人民共和国保险法》第十六条规定："订立保险合同，保险人（指保险公司）就保险标的或者被保险人的有关情况提出询问的，投保人应当如实告知。投保人故意或者因重大过失未履行前款规定的如实告知义务，足以影响保险人（指保险公司）决定是否同意承保或者提高保险费率的，保险人有权解除合同。"

此外，"投保人故意不履行如实告知义务的，保险人（指保险公司）对于合同解除前发生的保险事故，不承担赔偿或者给付保险金的责任，并不退还保险费"。由此可见，投保人如果违背了最大诚信原则，就要承担相应的法律责任。

当然，《中华人民共和国保险法》是一部比较公平的法律，既保护保险公司的合法权益，也最大限度地保护了投保人和被保险人的利益。2008年8月1日，不可抗辩条款加入了《中华人民共和国保险法（修订草案）》，一直存在至今。

不可抗辩条款的内容是："自保险人（指保险公司）知道有解除事由之日起，超过三十日不行使而消灭。自合同成立之日起超过二年的，保险人（指保险公司）不得解除合同；发生保险事故的，保险人（指保险公司）应当承担赔偿或者给付保险金的责任。"

也就是说，保险公司如果在规定时间内不使用合同解除权，即使投保人没有履行如实告知义务，也不能解除合同。在保险合同超过两年后，保险公司无权解除合同。一旦出现合同约定的保险事故，保险公司即使不情愿，也不得不向未能遵守最大诚信原则的投保人支付赔偿款。

当然，保险公司为了避免这种情况出现，出台了许多规章制度进行防范。普通投保人在购买重疾险和人寿险时，需要填写或者回答保险公司给出的"人身健康情况告知书"。如果投保人在填写时撒了谎，保险公司一经发现就会拒保或者拒绝理赔。作为诚信守法的公民，我们不可滥用不可抗辩条款，坚持最大诚信原则才能互惠互利。

### 🛡 本节小结

最大诚信原则保护的是保险公司的利益，用于防止部分投保人以欺瞒的手段骗取投保资格。不可抗辩条款维护的是投保人的利益，这也是全球通行的惯例。两者皆有《中华人民共和国保险法》为法律依据。关键在于保险合同成立两年这个时间点。不过，对于那些想用"不可抗辩条款"为借口来违背最大诚信原则的人，《中华人民共和国保险法（2015年修正）》第十六条相关条款也有相关规定进行约束。

第 **五** 章

## 购买人身意外险，注意看清相关赔付条件

人身意外险，全称"人身意外伤害保险"，是一种非常实用的基本险种。它可以让投保人用很小的保费支出获得高额保障，保障期限一般比较短。不过，我们要准确了解保险公司对意外的判定依据，看清意外险赔付条件中的隐藏限制，以免在理赔时遇到花了钱投保却不能得到赔付的麻烦。

# 人身意外险的特点和责任

➡ 请思考

- 什么是人身意外险？

- 人身意外险的保障责任有哪些？

- 人身意外险的种类有哪些？

俗话说："天有不测风云，人有旦夕祸福。"意外和疾病一样，对我们的生命健康和家庭幸福有很强的杀伤力。比起容易被察觉的疾病，意外更是防不胜防。风险管理意识强的人无不重视避免意外。人身意外险则应运而生。

人身意外险，全称"人身意外伤害保险"，通常被简称为"意外险"。这种人身保险是以意外伤害导致被保险人身故或者残疾为前提给付保险金的。意外险在我们的生活中非常常见。特别是在出行的时候，网购火车票、飞机票时，都会看到网页提示是否购买交通意外险或者航空意外险。这是一种对人们非常实用的基本险种。

## 1. 意外险的杠杆作用

与人寿险、重疾险相比，意外险没有那么多赔付限制条件，适用年龄也比较广泛。只要被保险人是在保障期内因意外伤害而去世或残疾的，保险公司就会给付赔偿款。意外险的保费是最便宜的，少则几元，多则几千元，总体上跟其他保险比都很便宜。

意外险具有很强的杠杆作用，很少的保费就能获得很高的保额。比如，有些意外险的保额设置为30万元，保费可能只交300元，保费和保额的杠杆比例达到了1000倍。这种杠杆作用是其他险种所不具备的。

也正因为如此，意外险的保障期限通常都很短，很多产品的保障期限只有一年。一个人在一年中发生意外的概率很低。但购买意外险还是有必要的。因为意外不发生则已，一旦发生就可能造成受伤、致残、死亡或者赔偿等情况。如果只是受了轻伤还好，而另外三种情况都会带来高昂的治疗费用或者赔偿费用。这时候，意外险的杠杆作用就能发挥最大的保障能力了。

### 2. 意外险的责任

意外险以被保险人的生命和身体健康为保险标的。根据意外可能对人造成的伤害，意外险包含了主要责任和派生责任。其中，主要责任包括死亡给付和残疾给付，派生责任则包含了医疗给付、误工给付、住院津贴、丧葬费给付、遗族生活费给付等。

保险公司会在合同上注明相关的责任条款，对意外身故和意外伤残有明确的判断标准。比如，许多保险产品对意外身故的要求是被保险人自遭受意外伤害事故之日起180日内身故才算意外身故，保险公司才会承担赔付责任。如果被保险人是在事故发生之日起的第181天去世，保险公司就会判断这次意外不是导致被保险人身故的直接原因，不承担赔付责任。

对于意外伤残责任，保险公司是按照伤残等级比例进行赔付的。要想拿到全额赔付，意味着被保险人达到全残等级。这需要找专业的评估机构按照《人身保险伤残评定标准》进行评估，并且必须是在意外发生之日起180日内进行评定。假如被保险人在180日之后仍未结束治疗，保险公司就会按照被保险人第180天的状态进行评定。

### 3. 意外险的种类

一是按照保障范围分类，意外险可以分为综合性意外险和碎片化意外险两个类型。两者存在巨大的区别。

（1）综合性意外险。

综合性意外险包含了所有外来的、突发的、非本意的以及非疾病的让身体受到伤害的客观事件。也就是说，你在人群中遇到踩踏事故、被猫狗咬了、被高空坠物砸中脑袋，都属于综合性意外险的保障范围。

（2）碎片化意外险。

碎片化意外险不承保所有的意外情况，只保证某一种或者某几种意外情况。比如，公共交通意外、旅游出行意外、住酒店时发生的意外、电梯意外等。碎片化意外险的保障范围很窄。

二是按照保费最终结果来分类，意外险可分为消费型意外险和返还型意外险两个类型。两者在保费、保障期限等方面也有明显区别。

（1）消费型意外险。

消费型意外险通常是那种交一年保一年的短期意外险，保费比较便宜。还有一种消费型意外险的保障期限较长，但只是人寿险或者重疾险的附加险。缴费时间和保障期限跟主险一致。

（2）返还型意外险。

返还型意外险是一种按年收取保费的长期意外险。保障时间较长，有的返还型意外险是交10年保费保障30年。如果被保险人在保障期限内没有遭遇意外事故，保险公司最终就会返还一笔钱，通常是其所交保费的1.1～1.5倍。

## 本节小结

　　人身意外伤害保险已经涉及了我们生活的方方面面，尤其是在出行的时候，购票平台会提示是否购买意外险。这个险种的杠杆作用非常大，用很少的保费就能获得巨大的保额。但意外险的保障时间通常很短，不像其他保险的保期那么长。意外险的主要责任包括死亡给付和残疾给付，派生责任包括医疗给付、误工给付、住院津贴、丧葬费给付、遗族生活费给付等。

# 如何判定人身意外险的"意外"

**➡请思考**

- 人身意外险的"意外"是如何定义的?

- 被保险人能预料到的"意外"算不算意外?

- 过劳猝死是否属于应当理赔的"意外"?

人身意外险针对的是意外伤害给人们造成的损害。我们在挑选人身意外险的时候,最需要弄明白的就是"意外"的含义。保险公司承认的"意外伤害"有严格的定义,必须满足三个条件:非本意的伤害、外来的伤害、突发的伤害。只要有一个条件不符合,就不是保险公司承认的"意外",发生合同约定的保险事故也得不到赔付款。

1. 非本意的伤害

所谓"非本意的伤害",指的是当事人或者被保险人无法预见的、非本人意愿的不可抗力事故造成的伤害。"非本意的伤害"必须是非本人意愿造成的,而且必须是本人无法预见的。假如被保险人是出于主观本意造成的伤害,则不属于保险公司承认的意外伤害。

比如,被保险人跟别人一言不合就大打出手,结果在打斗中被对手失手打死。这种情况保险公司是不会按照意外险合同进行赔付的。因为被保险人的身故是由于自己主动打架斗殴造成的（主观本意），在出手的时候应该知道打架能让人受伤（可以预料）。

又如，被保险人酒后驾驶、无证驾驶、超速驾驶、驾驶不合格车辆造成的意外伤害，也是出于主观本意造成的伤害，原本可以预料风险并进行规避的。这种情况造成的身故或者伤残也不会得到保险公司的赔付。

### 2. 外来的伤害

所谓"外来的伤害"，指的是被保险人受到伤害的原因是由被保险人自身之外的因素造成的，导致伤害的主要原因来自自身之外。假如造成伤害的主要原因是自己身体内部因素造成的，就不符合"外来的"标准，保险公司就不会进行理赔。

比如，被保险人因长期熬夜而极度疲劳，在路上自己不小心摔倒而导致骨折。这种意外伤害是由于自己身体内部的原因造成的，保险公司不会赔付。如果被保险人是被外来因素（比如被失控的汽车撞到）造成的骨折，保险公司会按照约定进行赔付。

此外，中暑抢救无效身亡也不会得到赔付。因为医学规定中暑是一种疾病，所以是与被保险人的健康状况有关的身体内部因素造成的，不属于"外来的伤害"。

### 3. 突发的伤害

所谓"突发的伤害"，指的是人体受到猛烈撞击或者猛烈袭击而造成的伤害，伤害的原因和最终受伤的结果之间存在直接和瞬间的关系。假如被保险人的受伤跟伤害的原因不存在直接和瞬间的关系，也不属于保险公司承认的意外伤害。

比如，被保险人不幸在交通事故中死伤、被高空坠物砸中造成的死伤，都是"突发的伤害"。这种情况是保险公司应该进行理赔的。但是，被保险人长期在某种危险或者恶劣的环境下作业，最终对自己的身体造成了伤害（比如"过劳猝死"），就不属于瞬间造成的"突发的伤害"，不会得到保险公司的理赔。不过，实际的保险市场中，大部分意外险基本上是保障猝死的。

### 本节小结

　　人身意外险的"意外"需要满足三个条件：非本意的伤害、外来的伤害、突发的伤害。如果其中一个条件不符合，就不能算是保险定义的"意外"。有些保险公司在近些年推出的意外险会特意在责任免除条款中注明：中暑、过劳猝死导致的身故或伤残不属于意外险的赔付范围，保险公司不承担赔付责任。

# 看清意外险赔付条件中的隐藏限制

**→ 请思考**

- 什么是人身意外险的"除外责任"？

- 人身意外险有哪些职业类别限制？

- 有哪些意外情况是人身意外险不予理赔的？

意外险的赔付条件看似没有人寿险和重疾险那么多，但依然有隐藏的限制。如果意识不到这一点就去投保，那就是一种盲目的做法。我们在选购意外险的时候，应当重点看清以下隐藏的限制条件。

## 1. 注意除外责任

综合性意外险和碎片化意外险虽然差异很大，但都有不包含在保障范围内的除外责任。跟其他险种一样，除外责任都会在合同里明确写出。除了跟人寿保险除外责任相同的条款外，现在的意外险，基本上都保障猝死，只是对猝死的理赔金额非常低，仅仅给与投保人微薄的象征性理赔金，有点像抚恤金。

此外，被保险人从事潜水、跳伞、攀岩、蹦极、驾驶滑翔机或滑翔伞、探险、摔跤、武术比赛、特技表演、赛马、赛车等高风险运动时发生身故或者伤残的情况，保险公司也不承担给付保险金的责任。

## 2. 注意职业类别限制

发生意外的概率跟职业也有一定的关系。所以保险公司非常关心被保险人的职业类型。我们在购买意外险的时候，一定要看清保险公司承保的职业类别，否则买了也是白花钱。各保险公司一般是把几百种职业按照风险从低到高分为六大类，以下是部分职业分类细目。

（1）1类职业（低风险）。

- 公务员
- 管理人员
- 职员
- 化妆师
- 教师
- 建筑制图员
- 内勤人员
- 经营者

（2）2类职业（低风险）。

- 旅游/商业
- 一般服务业
- 新闻/杂志业
- 维修工
- 种植/养殖业
- 咨询人员

- 销售人员

- 经理

（3）3类职业（低风险）。

- 农业

- 牧业

- 钢铁业

- 汽车制造

- 造纸业

- 装潢业

- 包装工

（4）4类职业（低风险）。

- 内陆渔业

- 港口作业

- 电子设备

- 钻井业

- 玻璃陶瓷业

- 娱乐业

- 木匠

（5）5类职业（高风险）。

- 交警/刑警
- 建筑业
- 造林业
- 木材加工
- 油矿开采
- 铁路铺设
- 铸造工

（6）6类职业（高风险）。

- 货车司机
- 高空作业
- 采砂石业
- 钻油井工人
- 客货轮服务
- 采矿/勘探

1～4类职业属于低风险职业，是大多数意外险承保的范围。5～6类职业属于高风险职业，通常只有一部分意外险可买，详情需咨询专业的保险代理人。除了这六类职业外，保险公司还把武警、近海渔业、远洋渔业、天然气开采人员、赛车手、飞行训练人员、石棉制品工等风险很高的职业列为拒保职业。

### 3. 注意是全残还是伤残

关于意外险的残疾赔付，全面的有10级281项伤残标准。不过并非所有的意外险都能分级别赔付。有些意外险的意外残疾保额看起来很高，但要求被保险人达到全残才会赔付，没有设置分级别的赔付。这种意外险的保障范围太狭窄，实用性不强。我们在购买意外险时不能只看保额高低，更重要的是看清"全残"和"伤残"。一字之差，保障范围就有天壤之别。伤残的概率更高，只赔付全残的产品要慎重购买。

### 4. 注意意外医疗险的赔付范围和免赔额

当被保险人遭遇意外时，受轻伤、伤残和身故都可能需要医疗费用支出。故而大部分意外险不是包含意外医疗，就是可以在投保时附加意外医疗。无论哪种情况，意外险都会设定报销的范围和免赔额。

比如，有些产品规定免赔额是100元，剩下的合理费用在限额内报销。也就是说，100元以内的医疗费用，保险公司不会赔付。超过了这部分的合理费用才会赔付。所谓合理费用，会在合同条款里说明，一般是符合当地社会保险报销范围内的费用。只有社保能报销的费用，意外医疗险才能报销。所谓"100%报销"的说法是有隐藏条件的。

### 5. 注意不理赔的意外情况

除了上述内容外，我们还应该看清意外险不理赔的"意外情况"。比如食物中毒是不被保险公司视为意外事故的，但3人以上的集体食物中毒会被视为意外事故，可以获得赔付。

普通摔倒死亡也不会被视为意外事故，因为普通摔倒很少会致死。保险公司在意外理赔时会根据"近因原则"，把对被保险人身故起决定性作用的因素判定为被保险人自己身体有问题，摔倒诱发其本身就有的疾病发作，是疾病而非意外导致死亡，故而不属于意外。

此外，高原反应和高风险活动造成被保险人身故也不会被判定为意外身故。这两者是被保险人能够事前意识到的风险，不符合"非本意的伤害"标准。所以也不会得到意外险赔偿款。

**本节小结**

我们在选购意外险的时候，要看清合同里提到的除外责任、不能承保的职业类别、是全残赔付还是分级别的伤残赔付、附加的意外医疗的赔付范围和免赔额以及其他意外险不负责理赔的"意外情况"。

# 为孩子选择意外险的注意事项

**➡请思考**

- 如何判断儿童或学生意外险的保障时间是否合理？
- 为什么要看清意外险里的免赔额和赔付比例等约束条款？
- 为什么要注意尽可能地降低意外事故的赔付金额？

孩子活泼好动，自我保护能力又比较差，是一个容易发生意外的群体。儿童常见的意外死亡原因有溺水、道路交通伤害、高空坠落、中毒、烫烧伤、暴力等。但是，如果监护人好好照看，发生意外的概率就会很小。家长一般会为孩子买一份儿童或学生意外险，以求应对因意外造成的医疗费用。

家长为孩子购买儿童或学生意外险也是有讲究的。接下来，我们就说一说给孩子选择意外险时应当注意的问题。

## 1. 选择合理的保障时间和保障范围

有些儿童或学生意外险产品的保障范围是孩子（被保险人）的意外身故和意外医疗，保障期限是1年，只要被保险人在保障期内（包括工作日和节假日）发生保险事故，保险公司就会按照约定进行赔付。这种意外险是值得购买的。

但是，市场上有许多儿童或学生意外险产品的保障时间比这个短，保障范围比这个小。有些产品在合同中的具体保障条款里注明："仅对被保险人在学校期间发生的意外事故导致的身故、残疾和医疗费用承担赔付责任。"

对于这样的意外险，即使保费再优惠，保额再高，我们也不能选择它们。因为大多数儿童和学生的意外事故并不是发生于在校期间，而是发生于不在学校的节假日、寒暑假期间。当孩子在校外发生保险事故时，这样的意外险是不会赔付的，买了也是白买。

### 2. 注意看清免赔额和赔付比例等限制条件

当前的大多数儿童或学生意外险不仅包含了意外身故和意外残疾的赔付责任，还有意外医疗费用补偿。意外医疗费用补偿指的是被保险人受到意外伤害后，即使没有身故或残疾，但因此意外而受伤（比如骨折、各种皮肉伤等），被保险人为了治疗和处理伤害所支付的医疗费用，保险公司也会予以补偿。

保险公司一般会针对意外医疗费用补偿制定免赔额和赔付比例等约束条款。有些意外险不仅有一定的免赔额，并且只承担医保范围内的医疗费用补偿。如果被保险人没有医保的话，其赔付比例和有医保时是不一样的。我们在为孩子选择意外险时，一定要把这些条款细则跟保险公司一一核实。

### 3. 轻意外身故，重意外医疗

意外身故赔付是被保险人因意外导致身故的，保险公司赔付的意外险赔付金。这种赔付金的作用跟人寿险类似。人寿险的首要保障对象是承担家庭责任的家中顶梁柱，未成年人不承担养家责任，不是人寿险的重点保障对象。同样道理，意外身故也不是少儿意外险的主要保障对象。我们没必要提高意外身故的赔付标准，反而应该降低它，就不必为此多交保费了。

在降低意外身故赔付额度的同时，我们应该尽可能地提高意外医疗费用的赔付责任。因为这才是给孩子买意外险最需要用钱的地方。保额应该尽量提高，给孩子真正提供实用的保障。

## 本节小结

　　意外是导致未成年人身故的首要因素。未成年人不是家庭的经济支柱，法律对未成年人的风险保额是有限定的。家长给孩子购买的以死亡为给付条件的保额之和（包括意外险的保额）不能超过限定的额度。我们在购买儿童意外险时应该尽可能地选择包含门诊医疗责任的意外险，而且在寒暑假时期应该提高保障。

# 成年人购买意外险的考虑要点

**➡ 请思考**

● 如何统筹考虑人寿险和意外险的组合？

● 我们有必要在出行时增加额外单项保障吗？

● 市场上有没有面向中老年人的特殊意外险？

成年人，尤其是家中的经济支柱是有必要购买意外险的。如果是工作繁忙、经常出行的成年人，就更有必要给自己选择合适的意外险产品了。因为意外险的杠杆作用很强，能以较少的保费获得很高的保额。我们甚至不需要像挑选人寿险那样特意去做非常精细的规划，只要看到合适的意外险产品就可以投保，从而提高家庭经济的抗风险能力。

当然，成年人购买意外险是有一定讲究的。只要注意以下几点，我们就能用意外险获得较好的保障。

1. **通盘考虑意外险和人寿险的投保**

意外险和人寿险的保障范围有一定的重叠，两者都包含了对"被保险人身故和残疾"的赔付责任，区别在于对导致身故和残疾的原因有不同规定。

人寿险对被保险人的身故原因基本上没有限制，因医治无效而身故和因意外而身故都会赔付（免除责任条款有规定的除外）。意外险则限定了只对意外身故造成的身故或残疾予以赔付，保障范围比人寿险狭窄，但保费相对便宜一些。

两者实际上是无法相互替代的。如果你同时投了这两种保险，那么被保险人在意外身故时就能同时获得这两个险种的叠加赔付，为受益人留下更多的赔偿款。为此，我们应该通盘考虑意外险和人寿险的组合。

如果被保险人已经有了充足的人寿险保障，那么我们在规划意外险时，就可以考虑降低"意外身故"部分的保额，重点增加"意外医疗补偿"部分的保额。因为人寿险已经包含了对意外身故的赔付责任。这样的保险组合可以让我们用更少的保费在"意外身故"和"意外医疗补偿"两方面获得更充足的保障。

反之，如果你此前没有投人寿险或者只买了保额较低的人寿险，就该把意外险的"意外身故"部分的保额提高。这样才能弥补人寿险保障力度不足的缺口。

### 2. 根据工作和出行习惯增加额外单项保障

除了常规的意外险之外，各家保险公司还针对特殊事项导致的意外身故或伤残提供了额外或者加倍的保障。

比如，某产品对普通意外导致的身故或伤残赔付20万保险金，并且规定被保险人以乘客身份乘坐民航飞机期间如果不幸遭受意外造成身故或伤残，可以获得100万"飞机意外身故或伤残"赔偿金。也就是说，当被保险人因飞机失事而不幸去世时，保险公司不仅会支付20万的"意外身故"保险金，还会累加赔付100万的"飞机意外身故"赔偿金，共计要赔付120万元。

因此，我们在购买意外险时，可以根据自己的工作性质、出行习惯来选择适合自己的意外险。比如，经常乘坐飞机出差或旅游的人，可以最大限度地把"飞机意外身故"的保额提高。对于其他额外单项保障也是如此。这样就能让意外险最大限度地保障我们的生活。

### 3. 老年人可以选择特殊意外险

已经退休的老年人，体质比较弱，但生活节奏慢，也不再进行高风险的活动，总体上发生意外的概率会大幅度下降。不过，老年人也存在个别其他年龄段少见的意外，需要意外险的"意外医疗补偿"来增加保障。最典型的产品就是针对老年人的意外骨折险。

老年人骨质比较疏松，很容易骨折。年龄越大的老年人越经不起碰撞和摔倒。这种保险一般降低了意外身故或残疾的保额，但会有针对性地提高意外伤害骨折的保额。这种特殊的意外险比普通意外险更符合老年人的实际生活需要。

### 🛡 本节小结

人寿险和意外险都包含对身故的赔付责任，但两者对被保险人身故的原因有不同的规定，不能混为一谈，应该相互补充。如果人寿险的保障已经很充足，我们就不必一味追求"意外身故"部分的保障金额，应该把"意外医疗赔偿"部分的保障金额作为考虑重点。如果我们还没买人寿险或者投保的人寿险的额度较低，就应该着重考虑如何提高意外险的"意外身故"的保障金额。两种思路都是为了避免重复投保，优化两个险种的组合。

# 第六章

## 缓解看病贵难题，从买对医疗险开始

医疗险又称健康险，主要用于保障人们的健康，在投保人住院就医的时候提供报销责任范围内的相关费用，减轻投保人家中的经济负担。医疗险和重疾险的区别是，医疗险保障的病种范围更加广泛，基本上可以做到"门诊和住院就保"。对于现代人来说，看病就医一直是人们关心的问题，医疗险也因此成为保险公司每年每月理赔次数占比最高的险种。用好医疗险，看病就不再是一笔沉重的负担。

# 随着年龄的变化而变化的医疗险

➜**请思考**

- 商业医疗保险对我们有什么用处?

- 有人说所有的医疗险都是附加险,是这样吗?

- 医疗保险的保费在不同年龄段会出现什么变化?

我们在医院看病交钱的时候,有医疗保险和没有医疗保险的心情是不一样的。完全自费,自己的经济负担就会加重;有医疗保险就能报销一部分医药费,经济负担就会轻很多。可是有些药不属于医保的承保范围,还是得自费。如果我们购买了商业医疗保险,就能用更少的钱看病买药。这就是医疗险的意义所在。

不同于重疾险,医疗险保障的范围更广,覆盖了绝大多数疾病。用重疾险来保障轻症疾病和中症疾病是不划算的,这是医疗险的承保范围。两者相互补充,为我们的健康生活增强了保障力度,对减少因病致贫的风险有很大的帮助。

许多人把医疗险当成主险随带的附加险,以为购买了主险才能购买医疗险,不能单独购买。其实这种理解是错误的。

由于产品设计思路等因素影响,国内很多医疗险的确是主险之下的附加险。这类医疗险确实不能单独购买。但是，各家保险公司也推出了百万医疗险等产品。此类医疗险是可以单独购买的，不需要捆绑其他险种。

医疗险是一种短期消费型保险，其保费大多以5年为一个变化梯度，在幼年和老年阶段保费很高，在青年和中年阶段相对较低。保险公司这样设计产品的依据是人们在各个年龄段生病的概率不同。

幼年和老年的体质弱，发病率最高，保费就要高一些。中青年的身体相对强壮，发病率低于老幼之时，所以保费会设置得低一些。在被保险人10~20岁或者20~30岁的时候，医疗险的保费是最便宜的。

从刚出生到青少年这个阶段的保费是由高到低的，而30岁以后的保费会逐年上升，年纪越大则保费越高。如果你给新生儿买医疗险，0~20岁这个阶段每年的缴费会越来越少。越早购买越能给被保险人提供保障。如果是20岁以后购买的，每年都要多准备一些钱来应对保费增长。

因为保费变化比较明显，商业医疗险不适合做成长期产品，就被设计成不限疾病种类的短期消费型保险，通常是一年期产品。医疗险期满后，我们需要重新投保，才能继续享有保障。

换言之，我们每次买的一年期医疗险只能保障一年，想保到多少岁，就得交多少年的保费。"续保"就成了购买商业医疗险的关键问题。有些保险代理人说自家产品"保证续保"，跟保终身差不多。这个说法其实不准确。

《健康保险管理办法》规定："保证续保条款是指，在前一保险期满后，投保人提出续保申请，保险公司必须按照约定费率和原条款继续承保的合同约定。"也就是说，只要首次投保成功，保险人就有绝对的续保权利，只要一提出续保，保险公司就只能无条件地按照最初的保险责任和保费标准来承保。

从这个意义上说，商业医疗险并不是"保证续保"。因为医疗险的赔付率高，且存在很高的道德风险，保险公司并不愿意把医疗险设计为长期产品。

设成短期消费型保险，才有调整承保范围和保费的余地，也不必按照"保证续保"条款来无条件接受投保人的请求。

事实上，医疗险只是通过每一年的"连续续保"来达到客观上保障终身的效果，或者是在报销多少额度的范围内可以承诺保证续保。这跟"保证续保"在法律上是两码事。医疗险在续保的时候，保险公司有权利调整费率，未必会按照最初的保险责任及约定的费率来无条件续保。

有些保险公司为了吸引客户，在合同上承诺"5年为一个保证续保期间"或者"若此产品停售，则可以以续保身份（没有等待期，也无须健康告知），投保其他产品"。这也是便于客户连续续保推出的优惠政策，对我们比较有利。

## 🛡 本节小结

　　由于每个人在各个年龄段生病的概率不同，医疗险的保费会随着年龄的变化而变化。这跟每年保费都跟首年一样的人寿险、重疾险和意外险有本质区别。其中，幼年时和老年时的医疗险保费比较高，中青年阶段的医疗险保费则相对低一些。因为老幼体弱，更容易生病。

　　医疗险实际上是有事就报销的消费型保险。只不过很多医疗险是附加在具有分红或者年金性质的主险上。当主险的保额较高时，每年分红或者返还的生存金可能刚好抵销了附加医疗险的保费。但这并不意味着医疗险是返本的。

# 医疗险的保障范围不只是住院

医疗险的保障范围有多大？

为什么医疗险是保险公司每年每月赔付件数占比最高的险种？

购买医疗险时应该重点关注哪些保障责任和除外责任？

现实生活中，人们的身体经常会出现各种各样的小毛病。医院不管什么时候都是人满为患。这使得医疗险成为保险公司每年每月理赔次数占比最高的险种。

### 医疗险的保障范围

医疗险的保障范围比重疾险的保障范围要大很多。有多大呢？基本上可以做到"门诊和住院就保"。保障范围大致可分为以下5个方面。

1. 疾病住院

这是医疗险最重要的一项保障责任。保障需要满足两个条件：一个是被保险人患了疾病，另一个是被保险人为了恢复健康而进行了住院治疗。医疗险给疾病住院报销的范围是：人们在住院期间产生的药费、检查费、床位费和手术费等。

### 2. 意外住院

如果被保险人因意外受伤而导致住院治疗，由此产生的费用也可以用医疗险报销。报销范围跟疾病住院类似，包括了被保险人住院期间的诊疗费、床位费和手术费等。

### 3. 疾病门诊

需要注意的是，市场上大多数医疗险并不包含单独的疾病门诊保障。只是有些医疗险包含了被保险人在住院前后某个时间段的与导致本次住院的疾病相同的门诊费用。有些则包含了某些诸如门诊肾透析、放化疗等之类的慢性病门诊。基本上不存在单独的门诊医疗险。

### 4. 意外门诊

绝大多数的意外医疗险都包含意外门诊。当被保险人发生意外后，就算没有严重到要住院治疗，仅仅是在门诊做了一些医疗处理，也可以用医疗险报销。

### 5. 住院津贴

被保险人在因疾病或者意外而住院期间，保险公司会每天给予一定额度的补贴，这就是住院津贴。住院津贴的额度是在我们购买医疗险的时候约定好的，跟住院花费没有关系，只跟住院天数挂钩。

**看清保障责任**

商业医疗险的保障时间往往只有一年，但保费交得少，保额较高，赔付之后还能再买，报销之后还能报销。只要连续续保，就能终身有保障。不过，想要持续得到保障，还得看清楚合同里约定的保障责任。假如你的理解跟合同的真实含义存在出入，一旦发生理赔就会发生纠纷。

因此，我们在决定购买商业医疗险之前，不能只看保额有多少万元。哪怕是一百万元的保额，如果不在保障责任之内，也一分钱都拿不到。应该仔细阅读合同中的《保险条款》。

比起保额大小，更重要的是看这款医疗险产品的免赔额是多少、赔付比例是多少、报销范围是否包含了自费药与进口药、包不包含门诊责任、是否包含单人病房以及特需病房等信息。特别是报销范围提到的"合理费用"，可能是指社保内的费用，也有包含社保外费用的。具体情况要逐个查明。

此外，医疗险和其他类型的保险一样，存在除外责任。除外责任和保障责任一样重要，我们在购买时必须弄清楚。比如，有些医疗险明确指明被保险人酒后驾驶机动车造成住院治疗的情况，保险公司是不承担给付保险金责任的。诸如此类的除外责任条款，直接影响了医疗险的保障范围。

### 本节小结

医疗险的保障范围很广，包括疾病住院、意外住院、疾病门诊、意外门诊、住院津贴等。

消费型医疗险实际上也有很多需要注意的细则和限制。我们在购买时一定要注意弄清条款中的保障责任是否跟自己的理解一致，而不能只看到低保费高保额就冲动消费。更重要的是看看医疗险合同里的免赔额是多少、赔付比例是多少、报销范围是否包含自费药和进口药、是否包含门诊责任、是否包含单人病房以及特殊病房。另外，条款中的"合理费用"究竟包含哪些具体费用，也是必须要查清楚的。

# 有社保的人应该如何购买医疗险

**➜请思考**

• 医疗险为什么分为有社保款和无社保款？

• 为什么有社保款的医疗险要先报销社保？

• 所有的医疗险都是附加险，不能单独购买吗？

### 有社保款医疗险和无社保款医疗险

社保是一个普遍性的社会福利，但社会医疗保险的保障范围和保障程度有限，所以需要商业医疗保险来进行补充。

商业保险的这个职能分工决定了商业医疗险的保障责任不可能跟社保重复。于是，各大保险公司在开发产品时也把医疗险分为有社保款医疗险和无社保款医疗险两大类型。

有社保款医疗险和无社保款医疗险在保障内容上几乎没有什么不同，唯一的区别就是保费不一样。无社保款医疗险的保费大大高于有社保款医疗险。

造成这个差异的原因是两者的保障成本不同。

有社保款医疗险一旦发生理赔，被保险人首先报销的是社保，剩下的合理费用根据保险责任来报销。换言之，被保险人同时有社保和商业保险承担风险，保险公司的保障成本也会降低，不必收那么多保费。

无社保款医疗险则完全由保险公司承担风险。一旦发生理赔，保险公司要赔付的钱更多，责任更重，故而要把无社保款医疗险的保费提高。

有些人可能会想：虽然我有社保，但在理赔的时候不报销社保，就可以从保险公司多拿到一笔赔付的保险金。这个想法是不成立的，因为商业医疗险的保险责任会在合同约定的赔付比例的基础上打折扣。有些医疗险会注明："如投保时被保险人以有社会医疗保险或公费医疗的身份参保，但就诊时未使用社会医疗保险或公费医疗的，则赔付比例为60%；其他情况下，该赔付比例为100%。"

不过，一些有社保的消费者也会选择保费更高的无社保款医疗险。这主要出现在以下三种情况中。

### 1. 在老家上社保，却在外地工作

有些人在老家买了城乡居民基本医疗保险，但实际上在外地工作。由于异地就医的理赔比例不高，如果在工作地住院，用社保理赔会比较麻烦，还得先回社保购买地报销社保，中途来回奔波可能耽误不少时间和精力。为了在外地更加便捷地获得保障，购买保费更高的无社保款医疗险更加实用，可以省去不少时间和精力。

### 2. 刚买的社保尚未生效

一般购买社会医疗保险是有半年等待期的。有些人刚买了社保，还差几个月才生效。如果我们是在这段时间内购买医疗险，选择无社保款医疗险更合适。

商业医疗险一般是一年期的。社保生效后，我们可以在第二年续保时把无社保款转成有社保款。

### 3. 事业不稳定，频繁变动工作

在企业里工作的人一般会有职工医疗险，但工作变动过于频繁，社保就会出现断缴保费的情况。你虽然买了社保，但在要用到社保的时候可能因为断缴而无法报销。如果买的是无社保款的商业医疗险，赔付时就不会受社保断缴影响。

### 有社保款应先报销社保

可能有的人会问：既然有社保款医疗险是社保和商业保险共同承担，那可以先报销商业保险再报销社保吗？

没必要这样做。因为国内大多数地区已经实现了医保直接结算，我们在医院治疗完毕时可以直接用医保结算，只需给自付的部分。如果先报销商业保险的话，还得带着相关证明去保险公司走流程。

而且，有社保款医疗险的保障责任是在社保报销之后的剩余范围内进行报销。如果先报销商业医疗险，保险公司就没法确定自己应该承担的责任，自然不会轻易给你钱。所以我们有社保险时，要先使用社保进行医疗费用的报销。

医疗险通常会在合同条款里写清报销手续。根据不同的住院原因，报销手续也存在差异。不过都需要我们准备好总的费用发票、费用清单、出院证明、检查报告等票据清单。如果使用的是复印件，保险公司会要求医院盖章。因此，为了快速高效地进行医疗险的报销，我们要熟知保险公司所要求的各类报销票据清单，以便让费用报销过程更加省时省力。

**本节小结**

　　医疗险包括有社保款和无社保款，在购买前应该区分清楚。两者的保障内容没什么不同，区别在于以无社保身份购买医疗险的保费更多。因为有社保款一旦发生理赔，社保和商业保险都能报销一部分，商业保险承担的责任自然少一些。无社保款的商业保险单独承担责任，保费就会高一些。

# 如何完善医疗险的组合方案

➡ 请思考

- 如何给儿童搭配医疗险方案？
- 如何给成年人搭配医疗险方案？
- 如何为全家人挑选家庭款医疗险方案？

在日常生活中，医疗险是我们使用最频繁的险种。每个人都可能会生病，其他险种不一定人人都要买齐全，但医疗险必须把全家都保障到位。

可是，市面上的医疗险包括了小额医疗、大额医疗（百万医疗险）、门诊医疗、住院津贴、意外医疗以及特定疾病医疗等类型。有些人搞不清每个家庭成员需要哪些，不需要哪些，就会一股脑儿地全买了，从而造成过高的保费开支，但实际保障范围可能存在漏洞。

为此，我们有必要根据不同家庭成员的需要和家中的财务状况来合理搭配医疗险组合。以下经验值得借鉴。

> **保险小知识**
>
> 各大保险公司从2017年纷纷推出百万高端医疗险。此类产品的保费低廉，保额超高，进口药和自费药都报销。但是，我们在选择百万医疗险的时候要综合考虑该产品的除外责任、免赔额、续保条件等情况。

### 1. 孩子必备的两种医疗险

3岁以前的小儿发病率非常高，而且由于体质弱，治疗时间比较长。这个阶段的医疗险保费很高，而且孩子也需要医疗保障。

小额医疗和住院补贴可以改善这种情况。我们应该为孩子准备这两种医疗险。虽然跟孩子的治疗费相比，这两种医疗险赔付的钱都不算太多，但总归能减轻一部分医药费用负担。大额医疗险则没那么实用。

### 2. 成年人应该准备大额医疗

成年人的发病率在人的一生中相对较低，而且体质相对强壮，治疗起来恢复得快。但日益增长的住院治疗费用，很容易让我们变得负担过重。所以成年人应该准备的是大额医疗保险（比如百万医疗险），而非小额医疗保险。万一遇到了需要付出高昂医疗费用的情况，大额医疗险可以缓解大部分经济压力。

不过要注意，保额越高的保险，购买时的限制条件也越多。我们必须搞清楚大额医疗险的保障范围和除外责任，以免到时候因除外责任而无法获得高额保险金，这样就达不到我们的投保目的了。

### 3. 寻找合适的家庭款保险组合

各大保险公司为了提高保险覆盖率，纷纷推出了家庭款保险，包含了成年人和孩子的保障。买一款家庭款保险产品，全家人都能获得保障。如果我们看中了某一款商业医疗险，可以咨询一下有没有家庭版。

通常来说，同款的个人版医疗险和家庭版医疗险的保障责任几乎是相同的，但家庭版医疗险经过组合之后，整体保费比为全家人分别购买个人版医疗险要便宜不少。这能让我们在同等保障力度下节省不少钱。

### 4. 掌握好全家医疗险整体消费情况

不少消费者购买商业医疗险的时候是全家老小一起买。单个人的医疗险固然不太贵，但全家人的加在一起也是一笔很大的开支。更重要的是，家庭成员的年龄跨度大，对应的保险类型有差异，保费和保额也不尽相同。稍微不注意，就会让你支出更多的保费。

为此，我们在为全家人选购医疗险的时候，不仅要考虑每个人的医疗保障需求，还要考虑全家整体的保费支出。特别是要弄清楚医疗险的续保费率。因为医疗险的保费会随着被保险人年龄的变化而变化。我们可以根据续保费率估算全家人每年最高要在医疗险上花多少钱，衡量一下自己能否接受这个方案。如果觉得承担不了，就调整方案，把最重要的医疗险搞定，再保障次要的，其他的等个人财力允许时再做打算。

## 🛡本节小结

需要注意的是，医疗险几乎只能报销在医院的花费。无论医疗险组合有多么全面，都无法代替重疾险。因为重大疾病产生的不仅是治疗费，还有比治疗费更高的间接开支。这块费用光靠医疗险是难以充分保障的。

医疗险和重疾险两者不能相互代替，应该统一纳入我们的家庭保险规划当中。

# 第七章

# 孩子成长不易，但少儿险宜精不宜多

孩子虽然不能自己办理保险，但他们是保险市场中主要的被保险人。因为孩子的健康成长离不开多方面的支持，更需要提供强有力的保障。保险公司专门设计了各种各样的少儿险。越来越多的家长会早早为自己的孩子买保险，为子女的将来做好打算。这是一件好事，但怎样买少儿险才合适也是有讲究的。

# 你了解少儿险的基本种类吗

**➡ 请思考**

- 少儿险有哪些基本种类？

- 为孩子购买少儿险的意义何在？

- 挑选少儿险时应该注意哪些细节？

虽然我们反复强调"先保大人，再保孩子"的投保原则，但是在生活中，人们往往更重视对孩子的保障。面对这样的市场需求，各大保险公司纷纷开发了各种各样的少儿险，以弥补普通保险不适用于孩子的不足。

少儿险的被保险人是未成年人。由于这个群体没有创造收入的能力，反而占据了全家大多数财务开支项目，所以保险公司都会给少儿险的身故保额设置上限，一般最高理赔金额是10万元。不过，包含了重疾险的少儿险，保额最高限度不受这个规定的限制。

## 少儿险的基本种类

国内市场上流行的少儿险，主要分为3个基本类型：少儿意外伤害险、少儿健康医疗险、少儿教育险。三者通常是组合在一起的，可以满足对孩子的保障需求。

### 1. 少儿意外伤害险

少儿意外伤害险是对日常生活中给孩子造成的一些意外伤害进行保障。由于孩子的好奇心强且自我保护意识较差，所以孩子发生意外伤害的概率比其他群体要高。特别是在寒暑假、节假日没有监护人照看的时候更容易发生意外。所以，我们有必要把对孩子的意外伤害保障放在第一位。

### 2. 少儿健康医疗险

谁都希望孩子能健健康康地成长。但孩子身体不如成年人强壮，更容易生病，住院治疗费用较高。而且万一孩子不幸患上重大疾病，任何有责任心的家长都会不惜代价帮孩子争取到优质、快速的治疗。高昂的住院治疗费用无疑会给全家带来沉重负担，少儿健康医疗险是减轻这种负担的有力保障。

### 3. 少儿教育险

大多数家长都很重视对孩子的教育，舍得为此投入。给孩子的教育金也是家庭财务中的一项大宗开支。少儿教育险就是针对这种情况设计的一个险种，它跟理财分红险有相似之处，但领取年龄有严格的限制。这个险种可以给我们增加为孩子准备的教育经费。

**选择少儿险时的注意事项**

我们为孩子挑选少儿险的时候，应该比给自己挑保险产品更加细心。以下注意事项都是实用的经验之谈。

（1）投保年龄宜早不宜晚。少儿险的投保年龄一般是0岁，孩子出生满28日并健康出院就可以购买少儿险了。

（2）保费支出不宜太多，因为孩子除了保险之外，还有很多其他地方需要花钱。

（3）缴费期限不要设置得过长。因为孩子成年后就要另做保险规划了，没必要用少儿险保终身，这样可以减少不必要的保费开支。

（4）保额不要超过限额，因为超过限额的部分是在白交保费，理赔时不会多得一分赔偿款。

（5）看清保险条款中的保险责任、免除责任、退保条件等细目后再做决定。

（6）不要重复购买功能相同的保险。根据孩子已有的保险来补充其他商业保险，形成一个比较全面的保障组合即可。

（7）购买豁免附加险。万一发生家庭变故，少儿险保单可以启动豁免功能，豁免剩余的未缴保费，继续在保险期限内为孩子提供合同约定的保障。

### 本节小结

　　在我国的保险市场中，少儿险一般分为少儿意外伤害险、少儿健康医疗险、少儿教育险3个基本类型。这三种保险恰好对应了家长对孩子最在意的三件事：安全、健康和成长。通常人们在购买少儿险的时候是购买三者的组合，很少会单独购买其中一种。这种做法有利于节约家庭保险开支，为孩子提供更加全面的保障。

# 什么时候开始购买少儿险比较合适

**➡ 请思考**

- 刚出生的孩子需要购买保险吗？

- 为什么有人说购买少儿险之前应该先为大人买足保险？

- 有人说少儿险越早买越好，是这样吗？

老一辈人接触保险比较晚，给孩子购买保险一般是从小学开始的。但对于年轻的父母来说，这个买保险的时机已经迟了。保障意识强的父母在怀孕的时候就开始为孩子挑选各种少儿险了。他们给孩子上好户口就购买社会保险，因为社保等待期比较长，早买早生效。至于商业保险，可以考虑更早行动，主要是看保险产品的投保年龄范围。

所有的保险公司都会在保险合同里对投保年龄做出准确描述。假设一款保险产品是0周岁至55周岁都可以投保，会在"投保年龄"处写明："（投保年龄）指投保时被保险人的年龄，投保年龄以周岁计算。本主险合同接受的投保年龄为0周岁至55周岁，投保时被保险人为0周岁的，应当为出生满28日且已健康出院的婴儿。"

由此可见，只要是出生满28天且身体健康的婴儿，都可以投商业保险。只要选好了产品，我们完全可以尽早投保，让少儿险早一点儿生效。投保的时候，带上投保人的证件和孩子的出生证明，就可以给孩子增添一份保障了。

尽早给孩子投保有很多好处，越早买越便宜。最重要的是，刚出生的小婴儿身体十分脆弱，就算是健康的孩子，照样很容易生病，如果没有尽早投保，孩子的住院花费就无法用商业医疗险报销。

此外，小孩子本来就体弱，如果孩子曾经因感冒、支气管炎等常见普通毛病住院，出院后2~4周，没有并发症，不管是重疾险还是医疗险都能正常买。但是重症病例的话，一般要治疗结束1年后，保险公司参照重症期的情况、恢复期的治疗复查情况，给出是不是能承保的结论。具体需要看对应保险产品的核保和理赔要求。

经过这一系列手续，给孩子买少儿险的时间不仅会进一步延迟，甚至可能被保险公司做了责任除外或加费处理。这样就划不来了。为此，我们应该在宝宝满足投保年龄要求且还没有生病之前就购买少儿险，这样就可以在孩子第一次生病住院时就获得保险公司的赔付。

不过，我们还是要再次强调"先保大人，再保孩子"的原则。理智的投保方式，依然是在给成年人准备好各种保障后，才考虑少儿险。从某种意义上说，少儿险是锦上添花的东西。如果你想尽快给孩子办理少儿险，就得先在孩子出生之前把自己的保险买够了，否则你给孩子买的少儿险就不足以真正提高家庭经济的保障水平。

许多父母疼爱孩子，想为自己的孩子多争取一些保障，于是他们购买了保费较高、保额也更大的少儿险，给自己买保险时反而不愿多花钱。这并不是一种合理的消费策略。因为，孩子本身不是家庭经济支柱，大人才是。若是给孩子买过多的保险，只会让我们的家庭背上沉重的负担。

有的少儿险带有投保人豁免功能。如果投保人不幸遭遇风险，少儿险的保障功能还在，且剩下的保费就可以豁免了。所以我们在给孩子买保险的时候不宜随便决定谁来做投保人。最好由家中潜在风险较大的那一方作为投保人，这样就可以利用投保人豁免功能提高整个家庭经济的抗风险能力。

### ⬤ 本节小结

只要孩子出生后没有身体上的异常状况，保险合同接受被投保人为出生满28日且已健康出院的婴儿，就可以选择自己认为合适的保险产品进行投保。但是，我们要牢记"先保大人，再保孩子"的原则。先为大人买保险，然后再为孩子买商业保险。买给孩子的社会保险越早买越有利。

# 选择少儿险，保障重要还是收益优先

➡ **请思考**

- 给孩子买保险的基本原则是什么？

- 为什么不建议购买带有投资性质的少儿险？

- 按照重要性大小，我们应该买哪些具有保障性质的少儿险种？

**保障型少儿险和理财型少儿险的特点**

我们在给孩子挑选保险的时候会发现，有些少儿险侧重保障功能，有些少儿险则侧重理财功能。应该选哪一种才好呢？单看保险产品的话，保障型少儿险和理财型少儿险都是有用的。如果条件允许，保险种类自然是越全越好。但这样会导致保费负担太重。因此，挑选少儿险的时候还是要讲究轻重缓急的。接下来，我们分别看看保障型少儿险和理财型少儿险的特点。

1. 保障型少儿险：意外、医疗、重疾

保障型少儿险主要包括意外险、医疗险、重疾险等。这些保险都是针对未成年的孩子设计的。意外险用来解决孩子因意外带来的伤残或者身故造成的损失。医疗险用来解决孩子生病住院造成的医疗费用。重疾险保障的内容跟成人重疾险一样，区别在于被保险人是少儿。在不同年龄段，需要给孩子准备的保障型少儿险也不同。

0～6岁的孩子体质弱，抵抗力差，容易得病，住院治疗的次数会很多。因为我国少儿常见疾病主要是呼吸道和消化道疾病，医生一般会建议住院。家长可以为孩子购买住院医疗、住院津贴等保障型少儿险。

7～12岁的孩子活泼好动，容易遭到意外伤害，应该加强对意外险的投入。还可以给孩子挑选一些少儿重疾险。有条件的家庭也可以适当规划教育险，给孩子储备教育金。但应在意外险足够的前提下再做考虑。

**2. 理财型少儿险：教育、分红**

理财型少儿险主要包括教育储蓄险和少儿分红险。教育险的功能以储蓄和保障为主，投保人定期定额交保费，到一定的时期给被保险人（孩子）领取教育金。少儿分红险则是一种类似每年领取压岁钱的理财保险。不同的保险公司有不同的分红政策，每年的分红以保险公司实际运营情况为准。

对于2～18岁的孩子，家长主要考虑的是教育问题，应该给孩子规划教育险，或者用隔一年或两年领取的分红险来支付教育金。理财型少儿险不具备保障型少儿险的功能，无法满足孩子在医疗和意外等方面的保障需求。所以，我们需要将其与保障型少儿险组合起来，才能给孩子带来完整的保障。

**3. 坚持"保障第一，收益第二"的投保原则**

为孩子的长远发展考虑，是做父母的责任。有些家长在选购少儿险的时候，想的往往是孩子将来的学业、创业和成家问题。于是，在选择少儿险的时候，优先选择带有投资性质的理财型少儿险。

这个做法其实有些本末倒置。因为理财型少儿险的保障功能通常是比较弱的，而且要缴纳的保费也不低。万一孩子生病住院急需用钱，理财型少儿险起不到什么保障作用。若是退保拿钱来救急，不仅损失了本金，也失去了买保险求保障的初始意义。

对于少儿险，我们还是应该坚持"保障第一，收益第二"的投保原则。先把保障型少儿险买够了，然后再根据自己的预算来添加理财型少儿险，这样才能把孩子的养育成本和医疗成本真正降下来，减轻家庭的经济负担，给孩子一个更有保障的成长环境。

**本节小结**

我们在给孩子投保的时候，应当着眼于孩子的未来发展，但不建议过多选择具有投资性质的保险产品。因为此类产品的缴费一般不低，而且保障功能不强。选择少儿险的时候，应当遵循"保障第一，收益第二"的原则，着眼于提高对孩子平安健康成长的保障力度，而不是投资理财。

# 我们应该为孩子购买终身型重疾险吗

→ 请思考

- 为孩子购买终身型重疾险好，还是购买定期重疾险好？
- 如果决定给孩子挑选终身型重疾险，应该注意哪些问题？
- 我们是否有必要选择带有少儿特疾的产品？

孩子的健康是全家人都关心的问题。少儿险中的重疾险也因此成为许多家长最重视的险种之一。目前，市场上的重疾险以终身型为主流，不少家长在给孩子投保时，也是选择终身型重疾险。终身型重疾险核保一次就能保障终身，不管将来孩子的身体出现什么问题，这种保险都一直有效。

但是，我们真的只有终身型重疾险这一个选项吗？并非如此。

终身型重疾险的保费通常是比较高的，保障范围较全面且保额设定较高时，保费往往要上万元。对于高收入家庭而言，直接买一份高额度的终身型重疾险就能给孩子非常充分的保障。但对中等收入水平的家庭来说，负担稍微重了一点儿。

虽说我们为了孩子的健康成长可以付出很多，但在经济基础一般的情况下，选择终身型保险不是很划算。定期重疾险是一个更合适的选择。如果是消费型的定期重疾险，保额高但保费低，能减轻经济负担。如果是返还型的定期重疾险，在保障期限结束后返还的钱可以给孩子购买其他保险，或者给他们当创业活动经费，或者用来做自己的养老储备。而且定期重疾险利于我们调整对孩子以及对全家的保险规划，能灵活应对各个阶段的不同情况。

不过，定期重疾险的缺点是保险期限较短，在重疾险到期后，可能因为被保险人身体不再属于健康体而较难重新投保。这个风险是终身型重疾险所不具备的。

无论我们给孩子购买的是终身型重疾险还是定期重疾险，都应该注意以下基本原则。

### 1. 保额一定要买够

不管你有多少预算，给孩子购买的重疾险保额一定要足够，建议至少达到50万元以上。一次性购买足额的终身型重疾险自然最好。如果你没有那么多预算购买终身型重疾险，就选择消费型的定期重疾险。通过保险组合来提高保障水平也是一个思路。无论怎样，买够保额是首要原则。

### 2. 仔细阅读理赔条款

少儿重疾险的条款大同小异，但这个"小异"恰恰对最终的理赔问题影响很大。比如，两款少儿重疾险都包含了某种重大疾病，但理赔标准可能一个高，一个低。理赔标准高的重疾险产品可能在疾病确诊的基础上，还需要接受某些特定治疗后才会理赔。如果在购买保险之前没有看清楚相关的理赔条款，保险公司可能会拒绝理赔。最好在事前反复跟保险代理人确认无误，再做出决定。

### 3. 可选择带有特定少儿特疾的产品

少儿特疾在少儿重疾险中不算最重要的保障内容，但如果能有所兼顾，自然是最好的。有些少儿重疾险针对少儿特疾加大了保障力度。如果能选择兼带少儿特疾的重疾险，并且已经购买了足够的保额，就不必再单独为少儿特疾另购保险了。

### 4. 找保障充足且销量更好的产品

许多少儿重疾险产品设计得都很好，能够满足孩子的保障需求。但是，不同保险公司的产品侧重点往往存在差异，再加上重疾险本身是比较容易出纠纷的险种，所以我们应该寻找那些保障充足且销量更好的产品。这样的产品销量多，理赔数量自然也多，有很多处理纠纷的成功案例。这可以帮助我们更好地解决将来可能会遇到的理赔问题。

**本节小结**

终身型重疾险和定期型重疾险各有利弊。经济基础好的家庭适合直接购买保额较高的终身型重疾险，可以保障孩子的终身。经济基础一般的家庭适合购买定期重疾险，消费型的定期重疾险和返还型的定期重疾险都可以。返还型重疾险到期返还的钱可以用来继续买保险，给孩子做创业活动经费，给自己增加养老储备。

# 如何给孩子购买小额医疗险

**➡请思考**

- 为什么小额医疗险的理赔率很高？

- 我们在为孩子挑选小额医疗险的时候应该注意什么问题？

- 关于小额医疗险的保障责任，重点要看哪些内容？

与重大疾病相比，孩子生小病的风险要高很多。据悉，80%的小孩在3岁以前都有过生病住院的情况，不少孩子还多次住院治疗。虽然不是治疗费用高昂的重大疾病，但小病的诊疗费和药费积少成多，也是一笔不容忽视的开支。家长们比较重视孩子的小额医疗问题，故而几乎所有的保险公司都推出了针对少儿的小额医疗险。在挑选小额医疗险的时候，以下经验值得我们参考。

1. 小额医疗和大额医疗结合的保险比较好

虽然专门的大额医疗险多，专门的小额医疗险比较少，但两者相结合的保险还是有的。如果我们能找到小额医疗和大额医疗相结合的保险，哪怕一年要缴纳的保费多一些，也可以考虑购买。因为这样就能让孩子的小额医疗花费和大额医疗花费都得到报销。

不过，市场上比较受欢迎的保险产品往往是捆绑营销的。在有的产品中，小额医疗险是附加险，主险是重疾险。不购买重疾险也没法购买小额医疗险。

这时候，我们就要弄清楚，究竟是保险公司的产品原本就是这样设计的，还是保险代理人为了提高业绩而故意捆绑销售，然后再做决定。

### 2. 选择可以多次报销的小额医疗险

某些小额医疗险在一年之内的报销有一定的限额。比如年度报销额度是6000元，该年度第一次住院报销了4500元，那么就只剩下1500元的额度可以报销了。这种限制报销次数的小额医疗险对我们不太实用。毕竟，孩子在一年中生病的次数难以预料，应该从宽估计，而不能限制太死。

我们应该选择那种不限次数的小额医疗险。额度是单次报销的额度若干元，而不是限定全年的额度。假设孩子在该年度第一次住院最高可以报销6000元，时隔几个月后再次生病住院依然最高能报销这么多，这样的小额医疗险才是真正好用的。

### 3. 选择免赔额低的小额医疗险

小额医疗险有一定的免赔额。不同保险公司的产品在免赔额上的设置不同。我们购买小额医疗险的目的是最大限度地把孩子的住院费用转移给保险公司。此类费用一般是在万元以内。免赔额较高的小额医疗险是在扣除若干元免赔额之后才按照约定的赔付比例来赔付医疗保险金。免赔额越高，越不划算。

我们在挑选小额医疗险的时候，在保额充足、保费大致相当、保障范围基本一致的情况下，可以优先选择免赔额低的小额医疗险（如果是没有免赔额的产品就更好了）。几百元的免赔额看似不多，但这笔钱省下来可以为孩子做更多事。

### 4. 选择保障责任更全面的小额医疗险

给孩子购买小额医疗险的时候，看清保障责任是投保的基本功。请反复确认你购买的小额医疗险的保障责任是否包含检查检验费、治疗费、药费、特殊检查治疗费、护理费、床位费、救护车费以及各种医用耗材和仪器的费用。

孩子可能生各种各样的病，涉及的医疗手段可能很多，甚至不排除动用救护车和安排小手术的情况。选择医疗保障责任更全面的小额医疗险，我们能报销的费用就更多，不至于出现太多无法报销的情况。

5. 选择门诊责任时间更长的小额医疗险

小额住院医疗险一般不包含单独的门诊责任，除非是慢性病门诊或者特殊疾病的门诊可以单独报销。如果是因住院产生的门诊费用，则要求跟本次住院的疾病相同的门诊原因，或者住院期间的前后某个时间段里面产生的门诊费用才能报销。

### 本节小结

小额医疗险包含的门诊时间段越长，保障力度就越大。目前市场上大多数小额住院医疗险要求的门诊责任有7~30天不等。这是指住院前后的天数。孩子住院前会经过门诊的检查、确诊和治疗，出院后则可能产生门诊的复查和康复费用。所以，小额医疗险的门诊责任时间越长，对我们越有利。

# 第 八 章

## 选准家庭财产险，保护好你的财富

家庭财产险简称家财险。前几章提到的保险多是以人作为保险标的，家庭财产险却不同，它是以物作为保险标的。我们辛苦积攒的财富其实是非常脆弱的。比如，一场火灾意外就能让我们多年积累的财富"一夜回到解放前"。为了更好地保护我们的财产，合理选购家庭财产险是一项有效的保障措施。它能在意外不幸发生时，把我们的财产损失降到最低。

# 家庭财产险对我们有什么用

- 什么是财产保险？

- 家庭财产险包括哪些种类？

- 家庭财产险主要保什么？

要想了解家庭财产险，首先得对财产保险有明确的认识。

### 财产保险的定义

投保人根据合同约定向保险公司缴纳保费，保险公司对其投保的财产进行承保。当承保的财产因自然灾害或者意外事故而遭受损失时，保险公司按照保险合同约定承担赔偿责任。这就是财产保险。

财产保险的定义有广义和狭义之分。狭义的财产保险指的是以物质财产为保险标的的保险，广义的财产保险指的是以财产及其有关的经济利益和损害赔偿责任为保险标的的保险。

### 家庭财产保险的种类及保障范围

家庭财产险是财产保险业务中跟我们日常生活关系最密切的险种，对守住财富具有不可估量的意义。它以城乡居民室内的有形财产为保险标的。我国的家庭财产险主要分为普通家庭财产险和家庭财产两全险两个类型。

1. 普通家庭财产险

普通家庭财产险又可以根据保险责任的差异划分为灾害损失险和盗窃险。通俗地说，前者防备的是由于自然灾害和意外事故而造成的财产损失，后者防备的是由于他人偷盗而造成的财产损失。

（1）灾害损失险。

灾害损失险的保险标的有：被保险人的自有财产、由被保险人代管的财产、被保险人与他人共有的财产。其保险责任包含了火灾、爆炸、雷击、冰雹、洪水、海啸、地震、泥石流、暴风雨、空中运行物体坠落等一系列自然灾害和意外事故。

如果被保险人为了预防灾害事故而事先支出了一些费用，保险公司原则上不对这部分费用进行赔偿。但是当灾害事故发生后，被保险人为了防止灾害损失扩大而积极投入的施救、保护被保财产的费用，保险公司要按照合同约定的保险责任进行补偿。

（2）盗窃险。

在正常安全状态下，留有明显现场痕迹的盗窃行为导致承保财产遭受损失，就是盗窃险的保险责任。除了自行车和助动车外，盗窃险规定的保险标的的范围和灾害损失险完全一致，能对我们的家庭财产起到比较全面的保障作用。

但需要注意的是，如果财产损失是由被保险人及其家庭成员、家庭服务人员、寄居人员的盗窃或者纵容行为造成的，或者是在房门未锁、门窗未关等非正常安全状态下造成的失窃损失，保险公司都不会承担赔付责任。

### 2. 家庭财产两全险

家庭财产两全险是一种兼备经济补偿和到期还本特征的险种。它和普通家庭财产险的区别在于保险金额的确定方式不同。家庭财产两全险是按照投保份数来确定保险金额的，城镇居民每份1000元，农村居民每份2000元，具体投保多少份要根据投保财产的实际价值来定。

投保人根据保险金额一次性缴纳保险储金，保险公司用保险储金的利息充当保费。但保险期满之后，无论我们投保的财产在保障期限内是否出现保险事故并发生赔付，保险公司都会如数退还全部保险储金。

## 本节小结

需要注意的是，只有根据法律规定、符合财产保险合同要求的财产及其有关利益才能成为财产保险的保险标的。也就是说，不是所有的财产都能被财产保险保障。此外，家庭财产险的主要保险责任包括自然灾害和意外事故，但财产本身的缺陷不属于保险责任，保险公司可以不予赔付。

# 选购家庭财产险时的注意事项

→ **请思考**

- 如何确定家庭财产险的保障范围？
- 如果同时购买了两家公司的家庭财产险，是不是可以得到两笔赔偿？
- 投保的家庭财产险出现事故时，应该怎么做？

由于家庭财产险的保险对象是物而不是人，人们投保时要考虑的东西就跟买人寿险、意外险、重疾险、医疗险等有区别。我们只要做好以下几点，就不难实现守护财富的愿望。

**1. 认清保障范围**

每一款家庭财产险的保障范围都是不一样的。因为我们的财产包含了固定资产和流动资产两大类，细分起来就更多种多样了。通常而言，保险公司推出的家庭财产险产品大致上都包含了房屋、装修、室内财产的保护。在此基础上，我们还可以根据需要来选择一些附加险，对现金、珠宝等财产的损失也增加保障。

**2. 不盲目追求高保额**

无论你追求多高的保额，保险公司都只会根据你投保财产的实际损失进行赔偿。我们应该根据家庭财产（包括固定资产和流动资产）的实际价值来合理设定保额。固定资产和流动资产的保额及理赔额的计算方法在后面两个小节将做详细说明。

### 3. 不要重复投保

积极投保家庭财产险没有错，但重复购买是没有意义的。有人会问："如果我同时购买了两家公司的家庭财产险，是不是可以得到两笔赔偿？"答案是不能。如果你同时在两家保险公司投保，最终只有其中一家会进行赔偿。此外，我们在投保时最好能把房屋、装修、家电、家具等细目制作成清单，详细了解各个细目的赔偿额度。这对可能会出现的理赔很有用。

### 4. 发生保险事故时及时报案

当我们投保的家庭财产发生保险事故以后，各家保险公司都会要求我们及时报案。遇到火灾事故应即刻拨打119向消防部门报案，发生盗窃事故则即刻拨打110向公安机关报案，报案的同时要马上通知保险公司。

因为家庭财产保险合同条款中有一条规定，被保险人在发生事故后24小时之内必须通知保险公司，同时还有抢救财产和保护现场的义务。这条规定对接下来的理赔有直接影响，所以我们应当积极配合。

### 🛡 本节小结

我们在购买家庭财产险时，首先要确定该款产品的保障范围，根据自己的实际需求来选择一些附加险。不宜盲目追求高保额，应当结合家庭财产的实际价值进行投保，合适的才是最好的。在投保的家庭财产发生事故后，我们不光要拨打110和119报案，还要及时通知保险公司。

# 固定资产保额及理赔额的计算方法

**➡请思考**

- 什么是固定资产？
- 固定资产投保的保额是怎么计算的？
- 固定资产理赔额是怎么计算的？

在家庭财产险中，固定资产和流动资产都是要保障的对象。其中固定资产的价值通常更高，可能占了我们全部家产的一半以上。无论是企业，还是家庭，固定资产的比例总是最大的。

固定资产指的是企业为生产产品、提供劳务、出租或者经营管理而持有的、使用时间超过12个月的，价值达到一定标准的非货币性资产，包括房屋、建筑物、机器、机械、运输工具以及其他与生产经营活动有关的设备、器具、工具等。

简单说，我们的住房、劳动工具、运输工具等都属于家庭财产险要保障的固定资产。如果保障得力，固定资产可以增值，让我们获得更多财富。固定资产一旦因为意外而遭到损毁，我们就会"一夜回到解放前"。

由于固定资产的价值高、流动性弱，面临的风险比流动资产更大，保额自然不能定得太低。投保人常感到困惑的是，给固定资产投保应该按什么来设置保额。一般情况下，人们会采用以下四种方法来确定固定资产的保额。

（1）按照固定资产的原值投保。这是最简单明了的做法，但对可能增值的固定资产（比如房产）比较亏。

（2）按照固定资产的账面原值加成数确定保额。也就是投保人与保险公司进行协商，在原值的基础上附加一定的数额，使其接近于重置价。

（3）按照重置、重建价来确定固定资产的保额。也就是重新购买或重新建造所需的全部费用，按照这个价格来确定保额可以让被保险的固定资产损失获得足够的补偿。

（4）根据第三方评估机构给出的公估价，或者评估之后的价格来确定固定资产的保额。

在上述四种方法中，以按原值投保和按重置价投保最为常见。具体使用哪种方法，我们应该根据个人家庭或者企业的具体情况来定。当固定资产出现保险事故后，保险公司会按照全部损失和部分损失的区别进行理赔。两种情况计算的赔付款是不一样的。

如果固定资产是全部损失，则有以下两种计算方式：

（1）当保额大于等于重置或重建价时，理赔额是重置或重建价值额减去应扣残值。

（2）当保额小于重置或重建价时，理赔额则是保额减去应扣残值。

如果固定资产是部分损失，则有以下两种计算方式：

（1）当保额大于等于重置或重建价时，理赔额是损失金额减去应扣残值。

（2）当保额小于重置或重建价时，理赔额是保额与财产受损失的程度的乘积。

（3）如果是按固定资产的原值加成或者重置、重建价值来投保，理赔额则小于或等于重置或重建价。

总之，不同的损失情况和不同的保额计算方法会给我们带来不一样的理赔额。我们为固定资产投保之前，应该明确自己的财产更适合哪一种算法，找出保额和理赔额的最优组合。

## 本节小结

在家庭财产中，固定资产占据的比例最大。固定资产的流动性相对较差，面临的风险也更高。

在为固定资产投保时，需要根据其价值来确定保额。确定固定资产保额的方法有四种，固定资产受损后的理赔额计算方式也会随着具体情况的不同而产生差异。这些都是我们需要注意的。

# 流动资产保额及理赔额的计算方法

➜ **请思考**

- 什么是流动资产？

- 流动资产投保的保额是怎么计算的？

- 流动资产理赔额是怎么计算的？

流动资产指的是企业可以在一年或者超过一年的一个营业周期内变现或者运用的资产，是企业资产中必不可少的组成部分。流动资产在周转过程中从货币形态开始，最终又变回货币形态。其周转速度快，变现能力强。

家庭财产险要保障的流动资产包括银行存款、股票、债券、基金等。有些流动资产是低风险、稳收益的，比如银行存款。股票、债券、基金等流动资产则是在高风险的前提下追求高回报，也就最需要家庭财产险来提高抗风险能力，让投资者"输得起"。

### 流动资产保额的计算方法

为流动资产投保的主要问题是计算保额。人们常用的计算方法有以下三种。

（1）按流动资产最近12个月的平均账目余额来确定保额。

（2）按流动资产最近的账目余额来确定保额。

（3）对于已经摊销或者不列入账面的财产的保额由投保人与保险公司协商，可按财产的实际价值计算保额。

上述三种计算方法得出的保额是不一样的，保险公司的承保方式和理赔方式也因此不同。选择哪一种计算方法，得根据我们的家庭或者企业的实际情况来定。保额要设法提高一些，对流动资产的保障性更好，但也要考虑自己的保费承受能力。

### 流动资产赔偿金额的计算方法

确定流动资产保额的主要意义在于，当我们投保的财产遭遇保险合同约定的事故时，能少一些理赔纠纷，更快从保险公司得到救急用的赔偿款。根据承保方式的差异，流动资产的赔偿金额的计算方法如下。

第一种：如果采用的是按流动资产最近12个月的平均账目余额来投保，可以采用以下理赔方式。

（1）当投保的流动资产发生全部损失时，保险公司按照出险财产的账面余额来计算赔偿金额。

（2）当投保的流动资产发生部分损失时，保险公司按照财产的实际损失来计算赔偿金额。

第二种：如果采用的是按流动资产最近的账目余额来投保，可以采用以下理赔方式。

（1）当投保的流动资产发生全部损失时，保险公司按照保额来赔偿。但是如果受损财产的实际损失小于保额，则赔偿金额不能超过实际损失。

（2）当投保的流动资产发生部分损失时，保险公司按照实际损失来计算赔偿金额。但是如果受损财产的保额低于出险时的实际价值，则损失还要按照一定的比例来计算。

第三种：如果采用的是按已经摊销或者不列入账面的财产来投保，可以采用以下理赔方式。

（1）当投保的流动资产发生全部损失时，保险公司按照保额来赔偿。

（2）当投保的流动资产发生部分损失时，按照实际损失来计算赔偿金额。

以上3种理赔计算方法严格对应了不同的流动资产承保方式，计算时不能混为一谈。在实践中，第二种理赔计算方法（按流动资产最近的账目余额投保）相对而言更常用。

🛡 **本节小结**

银行存款、股票、债券、基金等都属于流动资产。有些是低风险、稳收益的财产，有些是高风险、高回报的财产。越是热衷于理财的人，越需要通过财产保险来提高抗风险能力。

流动资产保额的计算方法有三种。根据承保方式的不同，流动资产理赔额的计算方式也存在差异。

# 第 九 章

## 为爱车投保险，不只是为了维修时省钱

　　买车的人每年都在增加，对爱车的保护也成了令广大车主头痛的问题。行驶的时候担心遇上交通事故，停车的时候怕被路过的车辆剐蹭，或是被人弄花。买车容易养车难，为爱车投保险是一个降低风险、增加保障的必备手段。不过，买全险的负担很重，会让你的养车成本变得更高。该如何挑选实用的险种组合，用更经济的投保策略来获得更好的保障效果，是本章要重点阐述的问题。

# 已经交了交强险，还有必要买商业车险吗

➡ **请思考**

- 车险有哪些基本种类？
- 车险的交强险和商业险分别是什么？
- 我们是否有必要为爱车购买全险？

当你买了车以后，就会发现买车容易养车难。成为有车一族后，要操心的事情就多了好几倍。第一件要操心的事就是给爱车上保险，这是一笔较大的家庭财务支出，不能不好好规划。

### 车险的基本种类

车险主要分为两大类：交强险和商业险。交强险的全名是"机动车交通事故责任强制保险"，国家政策要求强制购买。也就是说，只要你买了车，就必须上交强险。商业险则是车主自主决定是否购买的车险，其分类比交强险要复杂得多。

商业险有主险和附加险两大分支。其中主险包括机动车损失保险（简称"车损险"）、机动车第三责任保险（简称"三责险"）、车上人员责任险（简称"座位险"）和全车盗抢险（简称"盗抢险"）四个险种。附加险包

括玻璃单独破碎险（简称"玻璃险"）、划痕险、自燃险、发动机特别损失险（即涉水险）、不计免赔险和无法找到第三方特约险。

除了交强险和商业险之外，车主每年的购险费用还包括一笔几百到上千元不等的车船使用税。车船税是一种财产税，从2007年7月1日开始，车主在购买交强险的同时需要缴纳车船税。各个地区的车船税略有差异，根据车辆发动机的排量来制定。汽车排量越大，税费也越高。但车船税总体费用不高。

**保险小知识**

交强险责任免除条款

第十条　下列损失和费用，交强险不负责赔偿和垫付：

（一）因受害人故意造成的交通事故的损失。

（二）被保险人所有的财产及被保险机动车上的财产遭受的损失。

（三）被保险人机动车发生交通事故，致使受害人停业、停驶、停电、停水、停气、停产、通信或者网络中断、数据丢失、电压变化等造成的损失以及受害人财产因市场价格变动造成的贬值、修理后因价值降低造成的损失等其他各种间接损失。

（四）因交通事故产生的仲裁或者诉讼费用以及其他相关费用。

### 关于交强险

交强险是我国第一个由国家法律规定的强制保险制度，具有强制性和公益性。车主必须购买，全国实行统一收费标准，费用根据不同的车型标准而存在差异，确定费用的主要依据是"汽车座位数"。交强险采用的是浮动费率机制，续保时的保费与该车的出险次数、脱保和过户都有关系。任何一项变动都会导致保费发生变化。如果想要节约交强险的保费，就得严格遵守交通规则，养成良好的驾驶习惯。

交强险的保险责任根据有责任和无责任两种情况来确定死亡伤残、医疗费用、财产损失的赔偿限额。由于交强险保费不高，所以赔偿限额也较低。有责任的死亡伤残赔偿限额为11万元、医疗费用赔偿限额为1万元、财产损失赔偿限额为2000元。无责任的死亡伤残赔偿限额为11000元、医疗费用赔偿限额为1000元、财产损失赔偿限额为100元。

### 为什么要购买商业车险？

尽管商业车险是自愿购买的，但绝大多数车主都会为自己的座驾购买商业车险。因为交强险保护的是受伤害人，而非车辆和车内的人。而且交强险的保额不高，赔付款可能不够我们修车、养车的成本。故而购买商业车险还是很有必要的。商业车险也正是我们养车成本中最重要的开支。

### 🛡 本节小结

车险分为交强险和商业险两大类，其中交强险是由国家强制购买的。

有些车主为了给爱车提供全方位的保障，不惜花很多钱购买全险。而有些车主觉得全险费用高昂，就不愿购买商业险，以为交强险足够应付各种情况。这两种做法都是不妥的。此外，全险也不一定能保障所有的意外情况，因为各个保险公司对全险的险种规定不尽相同。

# 让你可以放心出行的四大主险

**➜ 请思考**

• 车险中的四大主险分别是什么？

• 四大主险保障的具体是什么损失？

• 购买四大主险时应该考虑哪些因素？

有些车主习惯把全部的主险和附加险都买了。这种行为叫作"买全险"。买全险基本上没给被保车辆留下保障死角，但会导致车主的总体保费开支急剧上升。

其实，我们只要买齐了主险，就能给车辆提供绝大部分保障了。至于附加险，则可以根据具体需要购买。车损险、三责险、座位险和盗抢险之所以被列为商业车险的四大主险，是因为这四者保障的是被保车辆最容易发生且造成危害较大的几种风险。

## 1. 车损险

车损险是用来保护车辆的保险。车主无论多么小心，车辆都难免会出现损伤。修车的费用也是一笔不小的开支。而如果购买了车损险，就能用保险公司的赔付款来补充这笔经济损失。不过需要注意的是，车损险不是什么损失都能赔偿的。保险公司主要负责赔偿以下情况造成的被保车辆损失。

（1）碰撞、倾覆和坠落。

（2）火灾、爆炸。

（3）外界物体坠落、倒塌。

（4）暴风、龙卷风。

（5）雷击、雹灾、暴雨、洪水和海啸。

（6）地陷、冰陷、崖崩、雪崩、泥石流和滑坡。

（7）载运保险车辆的渡船遭受自然灾害（仅限于有驾驶人员随车照料者）。

但地震造成的车辆损失不属于车损险的赔偿范围，在保险合同中会有相关的责任免除条款。除此之外，车损险还有以下免责情况是不予赔付的。

（1）自然磨损、朽蚀、故障及轮胎单独损坏。

（2）玻璃单独破碎、无明显碰撞痕迹的车身划痕、天窗及倒车镜单独破损。

（3）人工直接供油、高温烘烤造成的损失。

（4）自燃以及不明原因引起火灾造成的损失。

（5）在淹及排气筒或进气管的水中启动，或被水淹后未经必要处理而启动车辆，致使发动机损坏。

（6）被盗窃、抢劫、抢夺，以及因被盗窃、抢劫、抢夺受到损坏或车上零部件、附属设备丢失。

不过，上述某些车损险不负责保障的空白，可以用其他险种来弥补。车损险的理赔比例一般跟被保车辆受损的具体原因相关，赔付比例根据事故责任的不同在30%～80%之间浮动。

## 2. 三责险

三责险保护的是第三方，即赔偿本车以外的人身伤亡或者财产损失。这个险种比车损险的投保率更高。车主选购三责险的时候，一定要买够保额。保额高了，保费也会增加。但保额不够的话，万一不幸发生了第三者人身伤亡，车主要赔付的金额可能就是一个高达数十万甚至上百万的惊人数字。

需要指出的是，三责险赔付的是车辆外面的人伤或者物损，但如果受伤或者身故的人是驾驶人员的亲属，是不能获得赔付的。

## 3. 座位险

座位险保的是本车司机和乘客。座位险分为司机座位和乘客座位。许多车主选择买1万元/座。座位险如果买的保额太高，保费会很贵。此外，如果发生了双车甚至多车事故，造成我方车内人员伤亡的责任在于对方，也不属于我方座位险的保障责任，而是用对方的交强险和三责险进行赔付。

## 4. 盗抢险

盗抢险保的是全车，只有全车被盗走，保险公司才会赔付。如果只是车上的一部分零件或者车内财物被盗取，就不属于盗抢险的理赔范围。假如车主投保的是新车、价格较高的好车或者经常停在治安不好的地方，都应该购买盗抢险。盗抢险的保费不太贵，跟被保车辆本身的价值有关。

### 本节小结

车险中的四大主险分别是机动车损失保险、机动车第三责任保险、车上人员责任险和全车盗抢险。车主和保险代理人一般喜欢分别将其简称为车损险、三责险、座位险、盗抢险。除了主险之外，车主可以根据爱车的需要在商业保险中选购各种附加险。

# 根据具体情况来挑选其他附加险

➡**请思考**

- 除了四大主险外，车险中有哪些附加险？

- 哪些附加险是车主必须购买的？

- 其他附加险在什么情况下应该购买？

买齐了四大主险，我们的爱车就获得了大多数保障。但机动车辆面临的风险超过了四大主险的保障范围，在某些特殊环境中需要特殊的保障。有些因素造成的车辆损伤，车损险是不负责赔付的，所以只能通过购买附加险来解决这个问题。以下是常用的附加险。

## 1. 必买的不计免赔险

车损险和三责险都有绝对的免赔率，不会赔付100%的费用。根据车险合同条款，车主自身也要承担5%～20%的费用。免赔率大小是根据事故责任来划分的。当被保险人负全部责任时，免赔率为20%；当被保险人负主要责任时，免赔率为15%；当被保险人负同等责任时，免赔率为10%；当被保险人负次要责任时，免赔率为5%。

要想把保险公司的赔付比例提升到100%，就要买不计免赔险。一旦发生理赔时，由车主承担的那一部分费用也会转嫁给保险公司来支付。而且不计免赔险的费率比较便宜。

我们在买车损险、三责险和座位险时，可以加上不计免赔险作为附加险，这样就能让三个主险都不计免赔。是否给三种主险同时附加不计免赔险，就看车主的个人意愿了。但我们建议车损险和三责险一定要附加不计免赔险，因为这两种主险是最需要赔偿款的商业车险。

有一点需要注意，投保不计免赔险存在两个限制条件：限定行驶区域、限定免赔次数。如果车主在投保时限定了行驶区域，那么发生在限定区域之外的保险事故是不计免赔险不予赔付的。有些保险公司限定了免赔次数。当一年内理赔的不计免赔达到一定次数，保险公司就不会再赔付。这些都是我们在购买不计免赔险时要问清楚的细节。

### 2. 玻璃险

车损险是不包含玻璃单独破碎的赔付责任的。假如你的车被飞石击碎了玻璃或车体震荡震碎了玻璃，车损险都不会理赔，只有玻璃险能赔付玻璃单独破碎事故。玻璃险的保障范围包括前挡风玻璃和车窗玻璃。车灯玻璃、车镜玻璃、天窗玻璃则不在保障范围内，玻璃上的附属物也不归玻璃险管。

玻璃险没有固定的保额，只是有国产玻璃或者进口玻璃等选项。选择哪种玻璃，理赔的时候就按照玻璃相应的价格进行赔偿。假如你投保的是国产玻璃，在汽车上安装的却是进口玻璃，那么保险公司在保险事故发生后还是按照国产玻璃的价格进行赔偿，不会给你补差价。

### 3. 涉水险

每年汛期，许多地方都会因暴雨而出现江河发洪水、城市内涝等情况。经常有车辆被洪水浸泡、淹没，从而造成财产损失，伤害最大的往往是汽车最重要也最贵重的核心部件——发动机。"发动机进水导致的车辆损失"在车损险中属于除外责任，不会赔付。涉水险这种附加险针对的就是这块保障空白。

如果你生活和工作在多雨的地区，则涉水险是必备的附加险。干旱地区的车主则不需要考虑购买涉水险。需要强调的是，有一种情况是车损险和涉水险都不会赔付的，那就是当车辆行驶在积水路面或者车辆被水淹没而导致熄火后，驾驶人员二次打火试图强行启动车辆，由此造成的发动机损伤是不会得到赔付款的。

### 4. 自燃险

在车辆使用过程中，由于本车电器、线路、供油系统发生故障以及运载货物自身原因起火燃烧造成的车辆损伤，以及车主为了减少事故损失而采取施救措施产生的费用，都是由自燃险负责赔偿的。

简单说，车辆因附近的火灾波及导致燃烧受损，车内的打火机燃烧造成的车辆燃烧受损，都是自燃险负责赔偿的。由于高温天气导致车辆本身汽油蒸发引起的自燃，车损险不赔，但自燃险负责赔偿。车龄8年以上的老车因线路老化，自燃风险比较大。车辆在气候炎热的地区也有较高的自燃风险。虽然自燃不常见，但我们还是建议符合这两种情况的车辆投自燃险。

### 5. 划痕险

车辆被刮花是车主很心疼的损伤。但车损险是不负责赔偿单独的划痕修补费用的。所以保险公司推出了划痕险。尽管车辆遭遇划痕的情况十分常见，但划痕险的投保率并不是很高。因为划痕修补费用不太高，许多车主觉得为此多交一份保费不值得。如果你的车是新车，或者停车地方有喜欢恶作剧的孩子，可以考虑购买划痕险。

### 6. 无法找到第三方特约险

无法找到第三方特约险的投保率很高，保费大约是车损价格的2.5%，一般在20～100元之间。这是一款价格便宜、十分实用而且非常有必要购买的附加险。因为我们很可能遇到车辆停在路边后不知被谁损伤，或者驾驶途中遭遇对方车辆剐蹭，但不想负责的对方司机驾车逃逸的情况。本来应该是对方负责赔偿，却因找不到应当负责的人，只好自己承担。如果购买了无法找到第三方特约险，就可以由保险公司来出这笔钱。

🛡 **本节小结**

不计免赔险是必须买的附加险，其他附加险则可根据自身情况灵活选择。

买玻璃险的时候注意如实选择国产玻璃或进口玻璃。如果投保时选的是国产玻璃，实际安装的却是进口玻璃，保险公司还是会按照合同上的来赔付，不会给我们补差价。

在暴雨、内涝较多的城市，车主非常有必要购买涉水险，干旱地区的车主则无须考虑购买涉水险。

车龄在8年以上的车线路老化，建议投保自燃险。无法找到第三方特约险价格便宜，非常实用，建议在购买附加险时把它加上。

# 关于选购车险组合的其他知识

**➡ 请思考**

- 选购车险的时候为什么要"先保人，再保车"？

- 怎样购买车险更划算？

- 新车和旧车如何挑选保险组合？

为自己的车辆选购保险，是一件费钱的事。每年数千元甚至上万元的保费花得值不值，就看你给车辆做的保险规划是否合适了。我们在选购车险时要遵循的第一条原则就是"先保人，再保车"。

车险面临的风险也有主次之分。许多投保人以为车险是以保障车为中心，其实不一定，有些车险实际上是在保障人。因为驾车撞人造成的保险事故比汽车本身受损的保险事故要严重得多。所以解决事故造成第三方损失的三责险投保率比保障汽车本身的车损险还高。我们购买车险的时候，应该先把以保障人为中心的车险买全了，再考虑保障汽车本身的车险。

### 节省车险保费的办法

车险的定价是由保额来决定的。但保险公司在此基础上还增加了许多额外的规则。比如两个车主第一年交的保费一模一样，第二年却有高有低，就是这些额外规则造成的。要想避免保费上涨，就得注意以下几个导致保费价格变动的因素。

### 1. 去年理赔情况

如果你在去年的理赔次数多了，保险公司就会认为你是一个容易出事故的车主，自然会增加你的保费。反之，去年未出险的车主则可能获得保险公司的折扣优惠。保费价格涨跌的标准在不同地区存在差异，但对车主的要求是殊途同归的。

### 2. 具体的理赔数据

保险公司会统计你的理赔次数、理赔金额、理赔定责情况，由此判断你究竟是一个具有良好驾驶习惯的好司机，还是一个经常出事故的"马路杀手"。保费的浮动跟你作为司机的"安全性"是成反比的。想要少交保费，就得保持安全驾驶的习惯。

### 3. 去年的交通违规情况

你去年闯过几次红灯、有过几次超速驾驶、发生过几次剐蹭事故、是否发生撞车或者撞人事故，决定了你今年的车险保费要不要上涨。由于这个规则要求准确、权威的统计数据，所以只有少数一线城市参考执行。

### 根据车辆情况规划车险组合

有些车主爱车心切，想为自己的车辆提供更多的保障，一激动就买了"全险"，结果每年白白多出一些保费支出。而有些车主则走了另一个极端，觉得自己的车已经很老旧了，没必要为其投入多少保障，于是除了强制购买的交强险之外，什么商业险都不买。这两种做法都不可取。我们应该根据车辆的不同情况来规划商业车险组合。

### 1. 新车的商业险组合

刚购买的新车价值最高，与车主处于磨合期。老司机往往比较爱护新车。新手司机因驾驶经验不足而容易损伤新车。建议必买的商业险组合是"车损险+三责险+盗抢险+无法找到第三方特约险+不计免赔险"。涉水险、划痕险、玻璃险、自燃险则根据行车和停车环境来挑着买。

### 2. 车龄8年以上的旧车的商业险组合

假如是新手司机买旧车来练手，建议必买的商业险组合是：车损险+三责险+自燃险+座位险+不计免赔险。如果是驾驶技术娴熟的老司机，只买三责险和自燃险就够了。

### 3. 半新半旧车的商业险组合

许多投保的车辆都处于这种阶段。车主具有一定的驾驶经验，也不像新手司机那么狂热爱车，有了理性消费的意识。建议必买的商业险组合是"车损险+三责险+座位险+无法找到第三方特约险+不计免赔险"。其他附加险根据自身情况而定。

### 🛡 本节小结

不同的保险公司、不同的销售渠道针对同一款汽车的同一种车险，可能会出现不同的报价。很难说哪个公司、哪个渠道的车险最便宜，最好多了解、多咨询，不要只听一个报价就做决定。

此外，保险公司会根据你去年的理赔情况来调整车险价格。如果你在保险公司或者销售渠道的4S店眼中是个不遵守交通规则、经常出事故的驾驶员，他们就会重新考虑你的车险价格。

第**十**章

## 投资理财险，保障自己的生活品质

最初的保险产品侧重保障功能。但随着金融市场的发展，理财型保险也变成了投保的热门。分红、年金、教育金和养老金等理财型保险已经成为广大消费者投资理财，为自己和家人增加收益、守住财富的重要工具。不同的理财型保险在收益上存在差异。如果只是为了赚快钱而投资，反而不会取得好的效果。我们将在这一章着重介绍关于理财型保险的规划要点。

# 投资理财型保险的常见策略

**➡请思考**

- 什么是理财型保险？

- 理财型保险的常见策略有哪些？

- 理财型保险的收益如何？

理财型保险是一种用来帮人们保护财富和保障生活品质的工具，包括分红险、年金保险、教育金和养老金等类型。保障型保险是为了防止不确定的意外发生，保障了当下的安心。理财型保险的保障功能较弱，因为其思路是在我们手中的财富较多时拿出一部分强制储蓄，用来缩小财富减少时的落差。

由于理财型保险的收益是固定的，保障的其实是未来的安心，保险期限通常也比较长。许多消费者购买理财型保险是为了获得稳定的收益，用于子女的教育金，给自己规划养老金。这也是一种理财手段，以守住财富为最终目的。

### 常见的投资理财策略

投资理财型保险与其说是买保险，不如说主要是在理财。我们需要有计划地长期持有一些保险及其他理财型产品，才能尽可能地获得预期的收益。以投资保险的方式进行理财的策略主要有三种。

1. 保本型理财策略

保本型理财策略以保证本金不减少为主要目标，理财所得的资金可用于抵御通货膨胀的风险。这种投资理财策略很适合风险承受能力相对较弱的消费者，可用的理财工具有储蓄、国债和保险等。投资组合可以参考以下方式：

| 理财工具 | 组合方式 |
| --- | --- |
| 储蓄和保险 | 70% |
| 债券 | 20% |
| 其他 | 10% |

这种投资理财策略比较少用到理财型保险，更多是用保障型保险。不过，理财型保险的安全性高于债券。如果你更重视保本收益的稳定性，而不在乎收益，可以增加理财型保险的比例，减少持有的债券。

2. 稳定增长型理财策略

稳定增长型理财策略追求的是在有稳定收入的基础上获得资本的增值。这种策略适合那些具有一定风险承受能力的消费者。可用的理财工具是分红理财险、国债、基金等。投资组合可以参考以下方式：

| 理财工具 | 组合方式 |
| --- | --- |
| 储蓄和保险 | 40% |
| 债券 | 20% |
| 基金和股票 | 20% |
| 其他 | 20% |

这种投资策略降低了储蓄和保险的占用率，把钱分散投资到不同的领域，可有效分散风险，虽然收益不会达到最大化，但能较好地实现风险与收益之间的平衡。

### 3. 高收益型理财策略

高收益型理财策略追求的是投资收益最大化。不具备较强风险承受能力的消费者不适合采取这种策略。可用的理财工具有股票、基金、投资连结保险、房地产、外汇等。投资组合可以参考以下方式：

| 理财工具 | 组合方式 |
| --- | --- |
| 储蓄和保险 | 20% |
| 债券和股票 | 60% |
| 房地产、外汇等 | 20% |

这种投资策略的储蓄和保险占比最小，实际上是以债券和股票为主要收益来源。理论上能达到理财收益最大化，但风险也最高，保障性最差。

无论采用哪种投资理财策略，保障型保险和理财型保险都是必须有的。只不过在不同策略中的占比和类别不同罢了。但仍要遵循"保障第一，收益第二"的原则，先买够保障型保险，再考虑理财型保险。

### 哪些钱应该放进保险账户

在看过了上述三个策略后，有些人依然不明白应该把什么钱放进哪个理财工具里。比如，把救急的钱放到了不合适的账户中，结果没有加强保障。我们可以把手头的资金分为以下四种，存入不同的账户。

### 1. 即将花掉的钱

这种钱最适合放在储蓄账户中，通常要准备未来6个月的生活费，包括日常生活费、伙食费、保健费和子女教育费等，保持随时能支取的状态。

### 2. 暂时不用的钱

暂时不用的钱指的是现在用不上，但在某个时间点会集中使用的钱。比如孩子的学费等。这种钱可以放在保险的定投计划或者国债、基金之中，比如买一些分红理财保险来提前规划和存储这笔资金。

### 3. 一直不用的钱

这笔钱就是人们通常说的"闲钱"。这笔钱适合用来投资、创业，争取更大的收益，适合放进投资、理财账户。

### 4. 将来一定要用的钱

这种钱其实就是用来解决养老、重病、意外等风险的钱，也就是应该用在保险账户里的钱。无论是保障型保险还是理财型保险，都应该用"将来一定要用的钱"来买，不要拿"即将要花掉的钱"来买。

**本节小结**

理财型保险是一种用来守住财富的工具，包括分红险、年金、教育金和养老金等类型。

理财型保险的本质是在投保人财务状况较好时抽出一部分，用来补充经济困难的情况，以减少生活品质落差。如果说各种保障型保险是让我们当下安心，那么理财型保险主要是让我们未来安心。

# 挑选理财险时应该注意哪些问题

**➡ 请思考**

- 买理财险和储蓄哪个更加划算？

- 如何从大同小异的理财险中挑出更适合你的那一个？

- 理财型保险缴费的时间是越长越好吗？

　　把钱存银行是人们最基本的理财手段。但储蓄的利率跟其他投资收益相比并不高，所以想获得更多财富的人才会去做投资理财。理财型保险的产生也是为了满足大众对收益的需求。虽然理财险的收益不能跟其他投资理财收益相比，但也有着不可替代的作用。

**理财险值得购买吗**

　　普通的储蓄和购买理财险哪个更划算？几乎所有第一次购买理财险的消费者都会考虑这个问题。我们可以通过三个维度来比较两者的优缺点。

　　1. 论收益

　　人们选择投资方式时最关注的就是收益问题。储蓄是存的时间越长收益越高。理财险的特点也是需要长期持有才能产生可观的收益。

　　根据央行2015年10月下发的文件通知，目前活期存款的基准利率是

0.35%，三个月定期存款的利率为1.1%，六个月定期存款的利率为1.3%，一年定期存款的利率为1.5%，两年定期存款的利率为2.1%，三年定期存款利率为2.75%，五年定期定期存款的利率为2.75%，各银行可在此基础上，按照各自的情况进行调整。

保险公司推出的很多理财型保险的年化收益率都高于3.5%。如果只看保险账户的演示收益，理财险的账户收益在短期内不如储蓄账户，但长期收益要高一些。但这意味着投标人要把资产锁定几十年不动。而且保险公司的演示收益只是一个理想状态，若是国民经济整体形势下滑，保险账户的收益可能会低于演示收益。

### 2. 论安全性

理财险产品是有固定收益的年金产品，对资金运用的兼管也更加严格，安全性不必担忧。把钱存在银行固然有很高的安全性，但储蓄账户想要获得更高的收益，就得存更多的金额，而且还要到期及时转存。

### 3. 论灵活性

理财险的灵活性远不如储蓄。因为储蓄账户可以随时灵活支取，而且取出来的钱可以用于各种用途。而理财险账户在前10年内基本上不能动用，急着用钱就只有退保。如果是想专款专用、强制储蓄，用理财险更合适。如果要求较高的灵活性，还是选择银行储蓄为好。

### 挑选理财险的原则

如何选择一款适合自己的理财险，是消费者最关心的问题。我们综合了许多选购理财险的经验，总结出了以下几个考虑因素，可以减少消费的盲目性。

### 1. 考虑家庭经济状况

我们购买理财险的第一个考虑因素是自己的家庭经济情况是否适合购买这

个险种。保险公司主推的理财险是年金型保险，这是一种长期的、稳健的、利息不高的投资。更适合那种经济宽裕的家庭，或者短期内不会产生大宗开支的家庭。假如你把钱投在了理财险上，遇到需要用钱的时候一下子拿不出足够的现金来应对，那最好暂时先不要考虑年金型理财险。

### 2. 对比保障范围

不同公司的不同理财险产品的保障范围是存在差异的，有些还能根据客户需求追加附加险。购买理财险虽然是为了投资，但说到底，购买保险最重要的目的还是加强保障。我们应该挑选保障责任更广、服务项目更多的理财险。

### 3. 评估公司历史经营情况

当产品的保障范围和价位大同小异时，对比各家保险公司的历史经营状况就是一个非常关键的考虑因素。因为理财险的分红来自保险公司委托专业人士来打理客户缴纳的保费，投资于各种能带来收益的项目。公司只有历史经营状况良好，投资水平高，才能给我们购买的理财险带来更多的收益。

### 4. 注意分散风险

保险公司通常会给客户提供保本型、稳健型、平衡型和进取型几种选项。这些选项的风险是从低到高的。我们要慎重评估自己的风险承受能力。而且在购买保险的时候可以考虑不要全部在同一家保险公司购买。可以在不同的保险公司购买不同的产品，把鸡蛋分散放在几个篮子里，以求风险更低。

### 理财险的缴费时间越短越好

购买理财险的时候一定要注意它跟保障型保险的区别。由于保障型保险的杠杆作用，缴费时间越长，杠杆作用越大，获利越多。理财险恰恰相反，保障相对较少，不必考虑太多杠杆作用，缴费时间越短越好。

这样做有以下两个好处。

### 1. 帮我们减轻长期缴费的压力

纯理财险是用来投资理财的，特别是保险公司的开门红产品，年缴保费比较高，缴费时间短就不用承受太多压力。缴费时间最好控制在五年以内，一般三年就行。

### 2. 利于快速积累本金池

按照收益来源划分，理财险的收益包含固定收益和浮动收益。其中，固定收益通常和缴费年限关系不大。浮动收益是来自复利账户的资金增值与保险公司分红，与缴费年限关系密切。如果缴费时间短，就能快速填满本金池，分红的钱一开始就能更多一些，让更多钱快速进入复利账户，这样就能让我们获得时间复利上的最大收益。

## 本节小结

理财型保险的保障功能较少，且年缴保费较高。我们应当尽可能地缩短缴费时间。纯理财型保险的缴费时间一般以三年为宜，最好不要超过五年。

各公司的理财型保险大同小异。我们在选购时，首先要考虑自己的家庭经济状况是否适合购买，其次要选择整体经营状况更好的公司，最后还要避免在同一家公司购买。可根据自身财力来购买不同公司的保险，以求分散风险。

# 如何规划教育金和养老金

→ **请思考**

- 什么是教育金？
- 什么是养老金？
- 如何规划这两种理财型保险？

理财险常被用于教育金和养老金的资金储备。因为教育金和养老金都是需要在使用之前就尽早做出规划的。理财型保险必须长期持有才能获得稳定收益的特点，恰好符合教育金与养老金的需要。

### 教育金的规划问题

教育金的全称是教育金保险，又称教育保险、子女教育保险、孩子教育保险。简单说就是为了给孩子准备教育基金而设计的保险。教育金是一种具有储蓄性的险种，既具备强制储蓄的作用，又有一定的保障功能。

教育金主要有以下特征。

（1）专款专用。子女教育应该设立专门的账户，做到专款专用。

（2）时间缺乏弹性。我国实行义务教育制度，子女到了一定的年龄就要上学，不能因为没有足够的学费而延期。

（3）费用相对固定。孩子上学各阶段的基本学费相对固定。

（4）支出持续周期长，总费用庞大。孩子从小到大的教育费用持续了近20年。我们投入教育的总金额可能比买房子花的钱还要多。

（5）阶段性支出高。大学教育、出国留学等阶段性费用的支付周期短，且数额较高，如果没有提前做财务准备，短期内支付不是一件轻松的事情。

（6）额外费用差距大，必须准备充足。每个孩子的资质不同，在整个教育过程中的相关花费差距很大。为了孩子的前途，教育金宁可多准备，也不能少准备，更不可不准备。

使用理财保险来做教育金规划，有以下几个好处：

（1）"保费豁免"功能。投保的家长一旦遭遇身故或者全残等，保险公司将豁免所有未交保费，被保险人（子女）可以继续得到保障。

（2）强制储蓄功能。家长选购的教育金是一个每年必须存入约定金额的教育保险计划，可以保障这个长期储蓄计划一定能实现。

（3）保险的保障功能。投保的家长一旦发生疾病或意外身故及高残等风险，教育金保单享有的权益不变，给孩子留下了继续接受教育的费用。

（4）理财分红功能。理财险的理财分红功能可以在一定程度上抵御通货膨胀和利率波动的影响。

理财险至少要交15年才能得到相对可观的回报。所以想要用理财险来储备高中教育金，从孩子一周岁之前就要购买。如果是准备大学教育金，则应该在孩子三岁以前购买，这样才能通过时间杠杆来获得更多的收益。

### 养老金的规划问题

养老金也称退休金、退休费，是一种最主要的社会养老保险待遇。根据国家有关文件规定，养老金就是在劳动者年老或丧失劳动能力后，根据他们对社会的贡献和具备的享受养老保险资格或退休条件，按月或一次性以货币形式支付的保险待遇。

准备养老金主要用于保障职工退休后的基本生活需要，对维护社会问题、人民安居乐业有着重要作用。养老金本着国家、集体、个人共同积累的原则积累、运作。当人们年富力强时，所创造财富的一部分被投资于养老金计划，以保证老有所养。

但就实而论，光靠社保中的养老保险还不足以给我们提供充足的养老金。所以我们应该学会用理财型保险来增加自己的养老金来源。养老金也是利用保险的时间和复利来给资金增值的。越早规划养老金，退休后得到的钱就越多。我们最好在40岁以前做好规划。

## 🛡 本节小结

　　理财型保险由于时间跨度长，更多用来保障专款专用的领域。主要是给子女规划的教育金和为自己准备的养老金。在自己的经济还算宽裕时就做规划，通过理财型保险来增加资金储备。

　　由于理财型保险的回报周期长，规划教育金应该在孩子还没读书之前就进行，规划养老金在40岁以前比较合适。

# 适合购买年金保险的四种人

## ➡请思考

- 经济基础一般的人适合购买年金保险吗？
- 生活品质好的人有必要购买年金保险吗？
- 老年群体适合购买年金保险吗？

按照保险代理人的说法，无论是有钱人还是没钱人，都适合购买年金保险。因为不管是什么时候都会遇到教育、养老、救急、资金短缺之类的财务问题。但事实上，年金保险和其他险种一样，有些人群适合，有些人群不适合。比较适合购买年金险的消费人群主要有以下四种。

**1. 经济基础较好的工薪阶层**

很多年龄在25～40岁之间的工薪阶层人士，本身储蓄不是很多。做长期投资的风险大，更需要的是灵活多变、快进快出的短期投资机会。年金保险要求人们长期持有，流通性不强，灵活性差，用随时可能要支取的储蓄来购买会把自己的财产套牢，应该用盈余的钱来购买，这样才不至于影响家庭经济的稳定性。

如果你已经积累了盈余的财产，就可以考虑购买年金保险。所谓盈余，指的是留足了相对灵活的应急备用金和短期投资金之后剩下的钱。只要你在这两种资金之外还有多余的钱，长期持有流通性较差的年金保险也不会影响日常生活，还能获得更多的收益。

### 2. 财务相对自由的中产家庭

财务相对自由的中产家庭有相当可观的经济实力，一般拥有多重收入来源，熟悉多种投资方式。对于这个人群而言，购买年金保险的好处是可以增加投资多样化，还能把一部分财富锁定为将来的备用金。他们是适合购买年金保险的主要潜在客户。

### 3. 暂时有稳定收入的老年人

暂时有稳定收入的老年人指的是50岁左右尚未退休的老年人。他们还在工作岗位上，通常在组织中处于较高的职位，拥有中等偏上的收入，甚至有自己的产业。多年积蓄让他们手里有较为充裕的资金。在拥有健康保险和一定储蓄的基础上，可以考虑拿出一些钱来购买年金保险。如果是退休的老年人，则不建议这样做。

### 4. 家庭关系复杂的人

家庭关系复杂的人指的是二婚组合家庭、收养家庭等。这样的家庭很容易因为钱财的事情引发家庭矛盾。如果能在家庭关系和睦的时候就早早通过年金保险来规划未来可能面对的财务支出，可以降低将来发生家庭内部冲突的概率。即使还是产生冲突，也能用年金保险来守住属于自己的那份财产。

### ◆ 本节小结

年金保险是以被保险人生存为条件的。如果被保险人去世了，年金保险就会停止支付。

经济基础较好的工薪阶层、生活品质较高的中产阶级、有稳定收入的老年群体和家庭关系复杂的群体，都适合购买年金保险。相对而言，其他类型的消费者不适合购买。

# 不适合购买分红险的人

**请思考**

- 什么是分红型保险？

- 不适合购买分红险的人有哪些？

- 什么样的人适合购买分红险？

在理财险中，分红型保险的"分红"二字非常诱人。有些消费者在买保障健康的医疗险、重疾险时，也倾向于购买分红型保险，以图分得一部分保险公司的盈利。这个想法是好的，但能否如愿以偿呢？

### 关于分红型保险

作为理财型保险的一个种类，分红险虽然是按一定比例与持有人分享公司经营成果，但前提是保险公司的实际经营成果优于保险定价时假设的盈余。分红险也跟保障型保险一样包含多个险种。许多保险公司还喜欢把同样保障范围和保障责任的保险产品设计成普通型款和分红型款。

分红型产品的保费一般比普通型的同类产品高出20%左右。分红险一般有两种红利分配方式。

1. 交清增额

也就是用每年分配的红利来买对应额度的保险。交清增额的红利分配方式能让保单的保额逐年上涨，可以在一定程度上抵销通货膨胀造成的保额不足问题，是一种很好的红利分配方式。

2. 累计生息

累计生息是一种常见的红利分配方式。它是用现金的形式来分配红利。投保人可以领取现金，也可以不领取。如果不领取的话，这笔红利就能以一定的利率累计生息。

我们投保时可以自由选择这两种红利分配方式。但考虑到保额的增长比领取不算多的现金红利更实惠，建议大家还是选择交清增额的红利分配方式。

### 不适合购买分红险的人

对于很多人来说，分红险的长期收益略高于银行存款利息，风险低于股票、债券，在保障功能之外每年还有分红可以领取，是一种不错的保险产品。但是，并非所有人都适合购买分红险。以下几类人群不建议购买分红险。

1. 近期有大宗开支的人

近期有大宗开支的人需要大量随时可以灵活支取的现金。然而分红险的一大特征恰恰是变现能力较差，没有按照保单价值领取部分现金的功能。若是急着用钱，只有中途退保，放弃长期收益。保险公司一般是按保单的现金价值来退保，这将让我们损失不少利益。

2. 收入不稳定的人

收入不稳定的人长期缴费能力差，而分红险是一种需要长期持续缴费的理财型保险。分红的利润越高，需要投保人投入的成本也越高，这是收入不稳定的人无法承受的负担。

### 3. 注重保障的人

分红险的保障功能不强，一般是对身故或者全残提供保障。对于重大疾病、医疗的保障力度不如普通型保险。

总之，在短期内会有大笔开支的人、收入不稳定的人、注重保障的人，都不适合购买分红险。因为分红险的投入成本高、变现能力差、保障能力不如保障型保险。

## 适合购买分红型的人

以下几类人群适合购买分红险，建议根据自己的经济情况尽早选购。

### 1. 给孩子准备教育金的人

如果从孩子小时候就开始购买分红险，10年以后领取的收益跟银行储蓄收益相同，甚至更多。由于分红险具有强制储蓄功能，投保人不能随便中途取出来挪用到他处。这就充分保障了孩子的教育金能专款专用。

### 2. 想增加养老金的人

只靠分红险来养老的压力还是比较大的，主要是投入的保费成本较高。我们可以将其作为社保养老的补充。按照个人收入的5%~8%来缴费，选择20年以上的缴费期限，到退休时就能拿到更多的养老金。

### 3. 收入稳定的投资者

收入稳定的人如果想进行投资理财，可以将分红险作为一种投资理财选项。

总之，不同类型、不同需求的个人和家庭，买不买分红险都应该综合考虑、理性投资，不要把分红险当成解决一切问题的万能灵药，这样才能更好地改善家庭经济状况。

🛡️**本节小结**

　　如果是以孩子为重的家庭，在购买分红险时通常是想在解决保障问题的同时解决孩子的教育金问题。不过需要注意的是，分红险对孩子的保障不够全面，还需要跟其他少儿险做组合投保。

　　此外，父母才是孩子的支柱，"先保大人，再保孩子"的投保原则不会过时。

　　单身人士在购买分红险的时候也要结合自己的实际收入情况来考虑，以增加保障为出发点，而不是盲目追求盈利。

# 第十一章

## 万能险灵活多变，但并非无所不能

有些消费者误以为万能险无所不能，所以才盲目地购买相关产品。其实，万能险虽然有一份保单兼顾保障和理财功能的优点，但也不是什么都能保。所以我们在购买的时候，应该对万能险的"万能"有正确的认识，看看自己是否适合购买这个险种。在购买万能险后，还要注意一些问题，力求充分利用好其独特的功能。

# 万能险何以号称"万能"

➡ 请思考

什么是万能险？

万能险真的无所不能吗？

万能险最重要的价值在哪里？

万能险是一种介于分红与投资连结保险的投资型寿险，本质上是一种创新型人寿险。

我们要正确理解"万能"二字，不要把万能险当成无所不能、无所不保的完美产品。它本质上是只管生死而不管伤病的人寿险，不负责承保其他险种保障的范围。"万能"实际上指的是其在制定保额、保费和缴费期上的灵活性。这种灵活性足以让我们实现多种经济目标，故而号称万能。

万能险的综合性体现在兼具保障和理财两个功能。除了具备传统人寿险的生命保障功能外，还可以让客户直接参与由保险公司为投保人建立的投资账户内资金的投资活动，借助理财专家的投资运作实现理财的目标。

这看似跟某些分红理财险后投资连结保险的差异不大，但加上了灵活性这一特点，万能险的保障能力大大提升。

众所周知，保险产品一般有相对固定的保额、保费和保障期限要求。我们前面介绍的许多购买保险的经验，都是围绕这种比较死板的产品特征来展开的。因为没法随意调整，就只能尽量挑选符合自己经济情况和人生发展阶段的产品，设置一个较为合理的保额、保费和缴费期。

> **保险小知识**
>
> 有些保险业务员告诉你，万能险可以报销医药费。其实不是这么回事。万能险通常有生存金，只要被保险人还活着，每1～3年就能返还一部分生存金。客户可以用生存金看病，抵销一部分医药费。万能险本身是没有医疗保障功能的，除非有附加险。

万能险则不同，在保额、保费和缴费期的设定上具有极大的灵活性。假设你手中有一款传统保险，每年要缴费3000元，缴费期是10年，中间不可以断缴。如果是同样保额的万能险，你可以选择第一年缴费10000元，第二年缴费2000元，根据自己各个年度的经济状况来决定自己的缴费额度，甚至提高或者降低保额。

与传统的人寿险相比，万能险的缴费方式基本上不具备强制性。客户在支付初期最低保费之后，就享有追加投资的权利。在往后的各个年度，客户随时可以根据收益情况追加投资，只要保单账户足够支付保单费用，客户甚至可以暂停支付保费。

客户就算某一年因为手头拮据而断缴保费，万能险的保单也不会失效。更方便的是，你个人账户里的钱可以拿出来自由支配。这就是万能险区别于其他类型保险的特色。

对于万能险来说，最重要的东西是保单价值。账户的价值会随着保费的缴纳、保单投资利息和持续奖励等因素而增加，扣除保障成本、领取部分现金和年金给付则会减少保单价值。其中的保单投资利息跟保险公司独立运作的投保人投资账户资金的业绩密切相关。

万能险的大部分保费会用于购买由保险公司设立的投资账户单位。由投资专家负责账户内资金的调动和投资决策，把保护的资金投入到各种投资工具上。保险公司会对投资账户中的资产价值进行核算，并确保万能险投保人在享有账户余额的本金和一定利息保障的前提下，通过专家投资来获得理财收益。投保人由此获得保单投资利息。

🛡️ **本节小结**

万能险的英文原意是"综合性人寿保险"，能兼顾保障和收益。

万能险的保额、保费和缴费时间，都可以根据人们在各个年龄段的需要或者家庭收支情况进行调整，不像其他常规保险那样死板。

万能险当然不是无所不能的，但其灵活性强的特点，使其具备了非常强大的保障功能。

# 什么样的人适合购买万能险

**➡请思考**

- 万能险有哪些缺点？
- 经济基础一般但生活自律的人适合购买万能险吗？
- 什么样的人不适合购买万能险？

万能险的灵活性和综合性使其受到许多客户的欢迎。但我们说过，买保险不能一味跟风，也不可幻想用一款完美无缺的产品保障方方面面。万能险的保障功能并非无所不保，也不是所有人都适合购买这个险种。盲目购买未必能为自己增加保障，反而会造成过度消费。

## 万能险的缺点

任何产品都有自己的优缺点，万能险也不例外。万能险的缺点对一部分客户可能毫无影响，但对另一部分客户也许影响较大。我们来看一下，万能险的哪一条缺点是你难以接受的。

### 1. 可以随意领取一部分

部分领取功能很方便，但这种便利也使得客户常常随意领取保单价值的一部分。甚至有些客户是用从保单价值中领取的钱来缴纳保费，以为这样操作很巧妙。但是这么做很容易让保单提前失效。

### 2. 缴费时间缺少硬性规定

万能险不像传统保险对缴费时间有硬性规定。这既增加了灵活性，又会导致部分客户缴费几年后就不再继续缴纳保费了。毫无疑问，没有注入保费的万能险会出现保单价值过低的情况，从而导致保险公司提前结束保障时间。

### 3. 后期保障成本高

如果设置的保额较高，万能险的保障成本也更高。特别是客户年老没收入的时候，通过追加保费来维持保单价值的做法就会增加负担。

### 4. 收益不算高

万能险账户目前的结算利率一般在4%左右。在各种投资理财工具中，万能险的收益并不算突出。如果以投资生财为目的，不如挑别的金融产品。

### 5. 保障能力不如纯保障型产品，投资收益不如纯理财型产品

万能险兼具保障和投资的功能，但论保障能力不如纯保障型产品那么安全，论投资收益不如纯理财型产品的回本时间短。对于只需要单一功能的客户来说，万能险介于纯保障型产品和纯理财型产品之间。如果你只需要保障或者理财，又对灵活性没有要求，买万能险的意义不大。

### 适合购买万能险的人

万能险的特点决定了它不可能适合所有群体。最适合购买万能险的主要是以下群体。

### 1. 收入一般但很自律的人

保险用的是自然费率算法，可以用比较低廉的保费暂时获取高额保障。这是普通保险难以做到的，也是万能险的一大优势。由于不必承担高额保费，缴费方式也比较灵活，收入一般的人买万能险能得到较好的保障。

自律的人无论缴费方式如何，都会有计划地花钱。在缴费不多的情况下，更不会大手大脚随意支取万能险账户中的钱。这种良好的消费习惯可以帮助他们轻松避免保单价值迅速下降的隐患。

尽管万能险的收益没有纯理财型保险那么高，但对于这类客户来说，再小的收益也是收益。在获得保障的同时能有一笔积少成多的资金收入，也是令人满意的。

## 2. 孩子

万能险既能给孩子提供保障，又能将其投资收益作为孩子的教育金储备，是个不错的选择。孩子的保障成本很低，万能险的账户价值也较高。甚至有些公司推出的少儿版万能险规定保额和保单价值之间不受影响。

换言之，就算领取了部分保单价值，也不会减少保额。当需要理赔时，我们不仅可以申请赔付保险金，还可以利用部分领取功能从保单价值中支取一部分现金，这将大大提高我们给孩子的保障利益。

一般而言，45岁以上的人若是没有很高的缴费能力，建议不要选择万能险。因为年龄偏大的人保障成本比较高，后期风险较大。此外，花钱没有节制的人无论什么年龄段，都不建议购买万能险，因为保单价值很快会被他们耗光。

### ◆ 本节小结

万能险的缴费时间没有强制规定，但有些人缴费几年就不继续缴费了，这就会造成保单价值过低，保险公司会提前结束保障时间。

从保障的角度看，万能险不如常规保障型保险那么全面和安全，其投资收益又不如纯粹的理财型保险。所以，生活不自律、开支无节制、保障意识不强的人是不适合购买万能险的。

# 重要的是知道初始费用怎么扣

**➡ 请思考**

- 什么是万能险的初始费用？

- 为什么要持续关注万能险的保障成本？

- 当保单账户价值入不敷出时怎么办？

与普通保险相比，万能险的费用十分透明。客户所缴的保费扣除初始费用、保障成本和进入投资账户的比例，保险公司都会提供明确的说明。而且保险公司每月（有些公司是每季度）进行保单账户价值结算，向客户公布当月（当季）的结算利率。

我们在购买万能险时要关注"初始费用"和"保障成本"两个概念。这不仅关系到我们要向保险公司缴纳保费的额度，还会影响万能险保单的账户价值大小。

### 关于万能险的初始费用

无论什么保险产品，实际上都包含了保险公司的运营成本。保险公司会从保险人缴纳的保费中扣除一部分费用来支付公司各项运营成本，这笔费用就是初始费用。就连保险代理人的佣金收入，也是从初始费用中扣除的。

一般情况下，缴费期有多少年，初始费用就要扣除多少年。通常而言，万能险前五年的初始费用很高。比如，有些产品的第1保单年度的初始费用能占到期保费的50%，第2保单年度占25%，第3保单年度占15%，第4保单年度占10%，第6及以后各保单年度才降到5%。

各个保险公司的万能险产品存在差异，但前五年的初始费用的比例较高这一点是一样的。因为在前五年中，保险公司承担的赔偿风险较高，需要更多的风险管控资金，于是初始费用的比例就会更高。

这将导致保费中直接流入保单账户价值的钱减少，保单价值也会比较低。为此，我们在购买万能险的时候，一定要弄清楚初始费用扣多少。唯有如此，我们才能准确判断自己的保单账户价值。

### 关于万能险的保障成本

由于扣除的初始费用比例高，万能险前五年的账户价值较低。五年之后的初始费用下降了，保障成本就成为万能险后期账户价值减少的主要原因。我们在购买万能险的前五年重点关注初始费用，后面每年的关注重点就是保障成本究竟扣了多少，保单的账户价值还剩多少。

由于被保险人的年龄、性别、保额、期缴保费及缴纳年限的差异，万能险每一年的保障成本也不同。保险代理人会给我们演示不同利率下的保障成本，展示每一年直到保单终止时的保障成本细目。

这只是一种预算假设。保险公司每年都会给我们发送纸质的或者电子版的万能险费用报告，在里面罗列该年账户价值的流入和流出明细账。如果我们没有继续缴纳保费，那么账户价值流入的只有保单利息。单靠保单利息不足以支撑保障成本的时候，保单价值就会不断流失。

我们在遇到账户价值不足以支撑保障成本的情况时，可以用追加保费或者降低保额两种思路来避免账户价值入不敷出。如果我们此时手头不够宽裕，追加保费比较困难，可以考虑根据自己的实际情况降低保额，这样就能少扣一些保障成本，维持万能险保单账户价值的收支平衡。

总之，由于高度灵活的调节功能和投资功能，万能险耗费了保险公司更多的运营成本，这导致万能险的初始费用比普通保险高很多。在投保的前五年中，万能险保单的账户价值低，结算利益的增长部分很少。所以，在前五年内退保的万能险客户，经济利益损失会比较大。我们在前面建议大家缴纳保费时间长一些，也是为了避免出现这种情况。

### ● 本节小结

　　万能险的长处是具备了非常灵活的条件功能，这导致保险公司不得不投入更多的运营和管理成本。所以万能险的初始费用通常比较高。

　　不同保险公司的万能险产品原理大同小异。

　　如果购买万能险的客户想在前几个保单年度退保，损失会很大。我们在购买万能险之前和之后，都要记住这一点。

# 万能险保单在什么情况下会失效

**➡请思考**

- 万能险能保障我们终身吗？

- 万能险的缴费时间为什么不能太短？

- 万能险保单在什么情况下可能失效？

万能险虽兼具保障和理财功能，但大多数人还是冲着保障功能购买的。理论上，万能险是保障终身的，所以万能险合同上的缴费期限往往是"不限"或"终身"。即使万能险在设置保费、保额、缴费期上具有很大的灵活性，实际缴费时间也不会短。保障期限跟缴费期限是相匹配的，合同上的产品规则也会写保终身，跟常规的定期保险不一样。

但是，有些保险代理人为了卖出产品，会跟客户说缴费3～5年就不用再缴费了，或者说只需缴费10年甚至10年以下。考虑到保险公司每年会从保单价值里扣除成本，建议缴费时间不要少于15年，以20年为宜。这是从保障的角度考虑的。如果是从万能险的投资理财功能考虑，不妨终身缴费。毕竟，你投入的资金越多，万能险的投资收益也越大。

我们之所以建议大家这样做，是因为万能险保障终身是有前提的，这个前提就是保单价值不能太低。

保险公司为了维持万能险产品的运营，每年都会从保单价值中扣除该年度的保障成本。客户缴纳的保费是万能险保障成本的直接来源。如果保单处于缴费期间，就不用担心保障成本不足，保单价值也会因保费注入而保值。可是，当客户选择不再缴费时，保险公司就只能每年从现有的保单价值中扣除。

当保单价值过低时，万能险的保单将会失效。如果是定期缴费的传统保险，我们不用考虑这个问题。恰恰是缴费灵活的万能险，一不小心就会加快我们保单失效的步伐。为此，我们在购买万能险后要注意避免以下情况。

**1. 低保费，高保额**

万能险的保费和保额可以自主定夺，于是不少人设置了较高的保额和较低的保费。这样操作看起来很划算，但实际上存在一个隐患，即很容易加速保单失效，到头来未能实现终身保障的意图。

高保额对应着较高的保障成本，本身也需要更多的保费来保持保单价值。如果保费设置较低，待到缴费结束时，保单价值积累得少，保障成本扣除得多，保单失效的时间就会大大提前。为此，我们在设置保额和保费时应该注意平衡。要想节省保费，就不要设太高的保额，只要做足了保障即可。

**2. 频繁领取现金**

万能险的账户可以领取现金，这是它的优点，也是它的缺点。现金领取功能可以让我们在紧急时刻得到一笔救急钱，对提高家庭经济抗风险能力有很大的用处。但恰恰是这点让一些人养成了从万能险账户中支取现金的习惯。

比较重视财务规划的人不会轻易从保单价值中领取一部分现金救急。即使这样做了，也会注意补充保单价值。问题是，很多人养成了习惯，只要一着急用钱就从万能险账户中支取现金，也不太注意记账。在不知不觉中，万能险的保单价值迅速减少，再加上每年扣除的保障成本，保单失效恐怕比你想象中来得更快。

### 3. 结算利率太低

大多数接受万能险的人经济预算都不太富余，对万能险的投资理财功能有所期待，但保费缴纳得不太多。所以保险代理人在演示万能险账户价值时一般是基于中档利率来演示的。如果中档利率的账户价值足以让保障成本扣到八九十岁，实际上也算是保障终身了。

如果保险公司给的结算利率是低档利率或者保底利率，现金价值并没有一开始演示的那么多。这样的万能险保单价值就小了很多，也不一定能达到保障终身的程度。

**本节小结**

万能险合同上写的是保终身，不是定期保险。但保障终身是有前提的，一旦保单账户价值过低或者为零，保单就会失效，不会再为我们提供保障。

如果我们缴费不多而定了高保额，或者经常支取现金，或者结算利率太低，都会导致保单价值数量迅速减少，甚至让保单失效。

# 如何充分利用万能险的功能

**➡请思考**

- 怎样调整保额才能让万能险保单发挥最大效力？
- 怎样使用万能险的部分领取功能？
- 怎样使用万能险的豁免功能？

万能险可以灵活调整保额。如果只是把它当成普通保险来对待，就白白浪费了其灵活性的优势。每个人在不同的人生阶段有着不同的保障需求和经济实力，购买万能险的消费者完全可以根据自己各个阶段的情况来调整保额。

## 不同年龄段的万能险保额调整思路

比如，刚毕业不久的年轻人事业还不稳定，处于单身状态，父母的身体健康且收入稳定。这时候买万能险，可以把保额设置得低一些。因为保额越高，保费也越高。而且万能险保单的账户价值在前五年会扣除很多初始费用，降低保单价值。保额设高了不划算。不如设低一点，减少保障成本，让更多的钱被分配到保单账户价值中，相当于存钱。

上有老下有小的中年人，家庭责任更重了。如果还背着房贷、车贷的压力，就更需要加强保障。在这个阶段，可以把万能险的保额调高一些。尽管这会增加保障成本，让你多缴纳保费，但前些年的积累和保单利息已经提升了保单价值。只要持续缴费，保单的账户价值就会持续上升。万能险的保障力度和收益也会增强。特别是万能险的部分领取功能，对中年人应急用钱很有实际意义。

当我们退休的时候，经过几十年的积累，万能险保单价值会非常高。由于退休后少了很多收入来源，再为高保额多缴保费就有些不太划算了。如果自己身体状况良好，其他医疗保障险种也齐全，就没必要在万能险上追求高保额了。我们可以把万能险的保额调到最低，并将账户价值转为年金领取，这样就能减少保费开支，得到更多的养老金。

### 部分领取功能的约束条件

万能险有部分领取功能，在我们需要用钱时，可以把保单的账户价值领取一部来用，在退休后也可以每年从保单价值中领取一部分现金当养老金。甚至还可以用部分领取功能来增加孩子的教育金。但部分领取功能不是随便就能使用的，还有一定的约束条件。具体规定如下。

### 1. 年金领取必须生效满5年

这个规定其实对客户的利益起到了保护作用。万能险前五年的初始费用占比很高，如果部分领取在前五年也随便使用，一不小心就会造成保单失效。到了第6个保单年度，初始费用的占比就很低了，此时使用部分领取功能保单价值不容易快速流失。

### 2. 领取金额不能超过一定比例

部分领取会减少保单的账户价值，万能险的保额也会随之下降，所以一般会有个最高限额。比如，有些公司规定年金领取不能高于所缴保费的20%。这个规定也是为了避免客户没有节制地使用部分领取功能，从而导致保单提前失效。毕竟，大多数客户给保单账户价值注入的保费并不多，而万能险太过灵活，增加了不确定因素。

### 注意万能险的豁免功能

一些万能险带有豁免功能，比如给孩子买的少儿万能险，可以豁免投保人。万能险兼有保障和理财功能，故而在出现合同约定的保险事故时，保险公司不仅会豁免剩余的保费，还会替投保人把剩余的保费缴清。

如此一来，万能险保单的账户价值跟投保人正常缴保费时一样是有增无减的。为了充分利用豁免功能，我们在购买万能险的时候，可以把缴费时间尽可能选长一点。即使将来由于种种原因无法支撑长时间的保费，只要保单的账户价值在扣除保障成本后还处于增长趋势，保障利益就不会失效。

### 本节小结

我们可以充分利用万能险的灵活性，根据人生不同阶段的需求来灵活调整保额。只要注意把调整幅度限定在保险公司设置的约束条件区间之内，就可以满足目的。需要调整保额的时候，可以到保险公司的柜台或者在移动端进行办理。

万能险的部分领取功能有两个约束条件：年金领取必须生效满5年，领取金额不能超过规定的比例。

购买万能险时可以把缴费时间选长一点，再利用豁免投保人的功能。这样就可以在投保人发生合同约定的保险事故后实现豁免剩余保费，保持保单账户价值不减的目的。

# 第十二章

## 认清自身需求特点，精准制定保险规划

　　世上没有面面俱到的保险产品，只有合适的保险产品。不同的人、不同的家庭在对保险的需求上存在着较大的差异。即使是同一个人，在不同年龄和不同的家庭状况下，需要的保险产品也会发生明显的变化。想只靠买一种保险产品就满足所有的需要，是不切实际的。本章将重点讲述针对儿童、年轻人、中年人、老年人等不同年龄的投保规划。

# 制定儿童保险规划的基本原则

**➡请思考**

- 给孩子做保险规划需要考虑哪些方面的需求？

- 儿童保险组合包括哪些险种？

- 儿童保险规划是以保障为重，还是以教育为重？

儿童的保险规划实际上是家长做的。儿童的身体机能还在发育中，发病率较高。而且儿童通常比较顽皮，也不太懂得自我保护。越来越高的教育费用也是家长要操心的事情。综合考虑这些方面，儿童保险规划可以考虑以下险种。

**1. 意外险**

意外险保费便宜，保额高，没有返还金额，只保意外伤害。这是保障儿童的首要选择，也是必买的基础险种。各大保险公司的少儿意外险主要针对18岁以下的孩子，一年的保费通常是几百元。如果你的孩子喜欢运动、旅游，可以考虑提高意外险的保额。

**2. 健康医疗险**

健康医疗险包含儿童重大疾病险和儿童住院医疗险。其特点是保费便宜，保额高，没有返还金额。投保年龄越小，保费越便宜。我们可以选择短期或者长期的消费型儿童重大疾病险。如果家庭条件一般，要优先考虑涵盖少儿高发病率病种的基础保障。

### 3. 教育储蓄险

教育储蓄险需要定期定额缴费，有强制储蓄功能，还可以在一定程度上合理避税，是一种目标明确的中长期保险产品。这个险种主要用于解决孩子将来的学费问题。家长为孩子选购教育储蓄险的时候是可以豁免保费的。

### 4. 投资理财险

投资理财险是一种兼具储蓄、保障、投资功能的新险种。其特点是保费和保额可以自主选择，随时可以支取，既有保障也有收益。投资理财险对于解决孩子未来的高等教育、创业、养老等大宗开支问题很有帮助。但是，这个险种适用于经济实力雄厚、想给孩子做长久保障的家庭。

最后，我们在做儿童保险规划时，应该牢记4个原则：

第一，先做好大人的保险规划，再做儿童保险规划。

第二，先满足孩子的保障需求，再满足孩子的教育需求。

第三，无论给孩子购买什么险种，保障期限都要适中，太长或太短都不合适。

第四，给孩子投保并不是保额越多越好，既要考虑自身的经济条件，还要考虑法律对未成年人投保的限制。

### 🛡 本节小结

　　给孩子做保险规划的时候，除了要考虑自家经济状况和孩子的需要外，还要坚持"先大人，后孩子"、"先保障，后教育"、保险期限适中、投保额度不超过未成年人投保限制等原则。

　　此外，我们购买保险时还要注意各个保险产品的保险责任是否有重叠。

# 年轻人保险规划，不可不未雨绸缪

➜ **请思考**

· 年轻人在生活中面临的潜在风险有哪些？

· 年轻人购买保险的常见误区有哪些？

· 年轻人应该怎样选择保险组合？

年轻人对未来怀有梦想，但事业还在起步阶段，压力和风险在逐年上升。不少年轻人（尤其是单身的年轻人）没有储蓄的习惯，消费比较高，常常处于"月光"的状态，积攒不了多少财富。其实年轻人学会做保险规划，可以给自己提供更好的保障，真正实现经济独立。我们先来分析一下年轻人的需求特点。

## 年轻人的基本情况

年轻人大多没结婚，不用养孩子。有些结婚早的也可能不着急要小孩。但他们的父母已经步入中老年阶段，甚至有些已经退休了，不再承担主要经济压力，主要靠多年的积蓄和养老金生活。这是年轻人的家庭情况。

年轻人的经济情况不是太好，刚参加工作不久，处于社会的最底层，收入和积蓄都不多，需要用钱的时候离不开家庭的支持。不过，年轻人的身体健康状况是各个年龄段人群中最好的。总的来说，年轻人身体状况较好，经济实力较弱。保险公司承保的风险少，给年轻人制定的保费也会比较低。

### 年轻人面临的主要风险

许多年轻人自以为年富力强，风险管理意识比较薄弱。其实他们同样存在一些风险，一夜之间就能让自己陷入贫困和痛苦中。以下是年轻人面临的3种主要风险。

#### 1. 意外致残

有些年轻人认为自己没儿没女，没有房贷、车贷压力，不会出意外，出了意外也有父母罩着。可是，当意外致残的事故真正发生时，他们就会意识到生命的脆弱。伤残之后不仅丧失了劳动能力，无法给自己和家人创造收入，还要额外负担营养费、治疗费和护工费。如果没有提前规划保障，家里很可能凑不出这笔钱。

#### 2. 意外伤害身故或者疾病身故

假如年轻人因意外伤害或者疾病而去世，对父母会造成精神和经济上的双重打击。因为年迈的父母还等着子女承担赡养义务。白发人送黑发人的悲剧令人心酸。做好保险规划，也是年轻人对家庭责任的一种担当。

#### 3. 重大疾病带来的高昂医疗费用

重大疾病年轻化现象已经成为一个趋势。年轻人不能盲目乐观地认为自己离重大疾病很遥远。万一罹患重大疾病，光靠社保是根本不足以支付高昂的医疗费、药费、护理费和营养费的。如果投了保险，就能获得一笔救命钱。

### 适合年轻人的险种

年轻人的经济实力有限，做保险规划的重点是分清轻重缓急。意外险和重疾险是优先考虑的对象。当手头宽裕时，再选购适合自己的人寿险。这些保险的选购诀窍如下。

#### 1. 意外险

意外险的保费较低，保额较高，非常适合刚刚参加工作的年轻人。购买意外险的时候要注意，意外险保费支出占你总收入的5%~15%比较合适，保险额度则设为你的年收入的5~10倍最佳，保障内容必须包含意外身故和意外医疗保障等保险责任，最好能搭配意外医疗保险和住院津贴保险。

#### 2. 重疾险

投保年龄越小，买重疾险的保费就越低。年轻人在选择重疾险保额时不可以太低，太低则起不到保障作用；也不能太高，太高则增加保费负担。保额一般设在10万元到20万元比较合适。如果你的收入增加了，也可以调高保额。尽可能选择较长的缴费期限，以减少每年平均的保费支出。这样缴费负担较轻，也有利于控制你的现金流。

#### 3. 人寿险

由于年轻人的收入水平还不太高，买终身人寿险不太划算，可以先从保费较低、保障期限相对短一些的定期人寿险入手。比如保障期限为30年的定期人寿险。等经济条件允许的时候，再购入一份终身人寿保险。

## 本节小结

现在的年轻人最需要防范的潜在风险有意外致残、意外伤害身故、疾病身故和重大疾病带来的沉重负担等。

我们千万不要认为自己永远不会遇到不测风云，也不要认为光靠社会保险足以保障全部。

还有些年轻人认为买保险不如投资赚钱多、有保障，这也是一种常见的认知误区。保险的保障功能可不是投资收益率能简单代替的。

# 中年人投保，宜分阶段灵活调整

➡ 请思考

- 中年人不购买保险可能会遭受什么损失？
- 中年人在购买重疾险时要注意哪些细节？
- 中年人怎样分阶段调整自己的保险规划？

中年人面临着事业和家庭的双重压力，双亲的身体状况日益下降，孩子也处于成长和教育的关键时期。必须扛起整个家，不能倒下，是中年人的职责所在。一旦因为疾病或者意外而倒下，整个家庭就会遭受情感和经济的双重创伤。制定保险规划是中年人保护自己和家庭的必要措施。

## 1. 投保不宜太晚

越早购买保险，被保险人获得的保障期限越长，越能节省费用和规避风险。投保人年轻体健时投保的保费较为低廉，也更容易被保险公司受理。那些45岁以前忽视保险的人，不得不在45岁之后面对更贵的保费。有的人甚至因此放弃购买保险。这是不妥的。

中年人需要的保障是所有家庭成员中最多的。只要自己身体状况良好，保险公司愿意受理，投保也为时未晚，还应该尽可能地买更多的保险。千万不要觉得购买了保险而没有发生事故就是浪费钱。买够意外险、重疾险、人寿险，再补充一些医疗险、养老险，就可以大大提高我们的经济抗风险能力。

### 2. 选择适合自己的重疾险

中年人的事业压力大，生活作息往往不规律，饮食习惯也不健康，很容易进入亚健康状态。如此一来，重大疾病的发病率也会上升。所以中年人购买重疾险是非常有必要的，但挑选重疾险的时候不能稀里糊涂地看到就买。必须认真挑选一款真正适合自己的重疾险。

我们在挑选重疾险时，要注意认真研读合同条款，弄清楚合同中规定的重大疾病的定义。遇到有疑问的地方，反复咨询相关专业人士。在确认自己对合同理解无误的前提下才能签字。否则日后难免会产生令人头痛的纠纷。

重疾险和其他医疗险类似，通常有一个90天或者180天的等待期。不同保险公司的不同产品有着不一样的规定，所以投保人在购买重疾险时要仔细对比不同保险公司的合同条款。

中年人在投保前有必要考虑自己的身体状况和家族病史，挑选产品时选择能同时保障你最关心的几种疾病的保险。我们还应该把自己平时所患的疾病如实告知保险公司。不要因为害怕保险公司拒赔或者提高保费标准，就故意隐瞒或者欺骗，这样肯定会在理赔的时候遇到麻烦。

还有一个值得注意的问题是投保的病种不是越多越好。保障的病种越多，你要缴纳的保费也就越高。有些发病率很低的疾病，可以不用加进来。中年人只要重点保障自己最容易患上的几种疾病即可。

### 3. 循序渐进地做足保障

保险不是买一次就能一劳永逸的。中年人投保要结合自身的工作性质、风险高低、收入水平来投保。由于每个人生阶段的发展需要和面临的风险会发生变化，中年人做保险规划时也有必要分阶段来灵活调整。选择分期缴纳保费的方式，比一次性缴清保费的压力更小，对投保人更加有利。

🛡 **本节小结**

　　中年人养家的压力最大，事业和家庭的双重责任容不得他们倒下。年迈的父母和日渐成长的子女，都需要更多的保障，故而中年人是最需要保险的群体，不能不做好长期规划，可以选择分期缴费的方式来减轻保费负担。

　　在选购重疾险的时候，要结合自己的身体情况和家族病史，对自己最关心的几种疾病进行投保。

# 老年人投保，重点在于意外和医疗

**➡请思考**

- 为什么市场上针对老年人的险种很少且投保限制很多？

- 老年人在购买意外险的时候应该注意什么问题？

- 老年人在购买医疗险的时候应该注意什么问题？

市场上针对老年人设计的保险种类很少，而且投保限制很多，保费还普遍很贵。一般50岁以上的老年人很难投保重疾险。就算能买，也会背上沉重的保费负担。这是因为老年人已经不再是家中的经济支柱，患病率很高，容易发生意外，承保的风险很高。故而保险公司都不太重视老年人的保险。

这就需要老年消费者自己积极做保险规划，摆脱这种困境。假如在50岁以前没有买好合适的各种保险，就不必买齐所有的险种。老年人的保险规划只要抓住意外险和医疗险两个重点，就已经可以满足需求了。

## 关于老年意外险的规划

年迈的人生理机能退化，身子骨不如从前硬朗，遇到意外伤害的概率高于其他年龄段的人群。老年人一旦出事，往往是很严重的大事故，需要很高的费用。意外险对老年人的重要性是不言而喻的。

意外险的保额高、保费低，对被保险人的身体健康状况没有很高的要求。65岁以前投保意外险，跟年轻人购买意外险的费率是一样的。市场上还有一些老年意外险，放宽了被保险人的最高承保年龄。

老年人在购买意外险的时候，要注意分清意外险的类别。意外伤害险主要是赔付造成身故或者伤残的较大的意外，赔付的保险金是一次性付清。意外医疗险主要是赔付生活中因小意外而造成的医药费用。

老年人购买意外险的保额建议至少10万元起步。记得弄清楚投保的保险公司是否承保诸如骨折之类的老年人高发的意外事故。最后还要认真看清限制条款，把不在承保范围之内的意外事故一条一条弄清楚。

### 关于老年医疗险的规划

老年人体弱多病，医疗保健费用在生活开支中占的比例越来越高。很多老年人患上的疾病基本上都不容易根治，住院检查是常有的事。所以购买医疗险对于老年人来说是非常有必要的。

目前市场上常见的医疗险大多是一年期的短期险种。保费比较低，保额比较高，只是每年都要续保一次。医疗险的投保年龄上限一般是60岁，部分可以续保到80岁。也就是说，老年人最好在退休之前开始做医疗保险规划。

老年人购买医疗险的时候要仔细查看合同中是否含有"保证续保"的条款，因为有些医疗险一次理赔之后就不能再续保了。续保对于老年人来说是一个很重要的实惠。投保时还要记得把自己的既往病史如实告知保险公司。因为有些保险产品是免体检的，如果投保时没有把既往病史如实告知保险公司，将来在急需用钱的时候很容易引发理赔纠纷。

最后，老年人最好挑选包含住院津贴的医疗险。因为老年人生病住院的频率会随着年龄增长而不断上升。如果自己买的医疗险包含了住院津贴，就能每天用固定的金额来补偿在住院治疗期间花费的开支。

**本节小结**

　　老年人的投保限制较多，市场上针对老年人的险种也很少，而且保费一般比较高。

　　老年人的保险规划主要集中在意外险和医疗险两方面，其他险种不那么实用。在选购意外险时要记住区分意外伤害险和意外医疗险，两者的赔付差异较大。医疗险的投保年龄一般是60岁，所以老年人在退休前要早一些考虑退休后的生活需要。

# 用家庭保险规划优化配置财产

**➜ 请思考**

- 家庭保险规划对我们有什么用处？
- 制定家庭保险规划应当遵循哪些原则？
- 制定家庭保险规划应当遵循哪些定律？

保险作为一种风险管理工具，是家庭财务规划的一个重要组成部分。从某种意义上说，合理的家庭保险规划不仅是优化配置全家财产的必要手段，也是幸福家庭长期稳定发展的一项重要保证。无论是每一位家庭成员的个人收支平衡，还是全家人的收支平衡，都离不开保险的帮助，所以我们有必要掌握一些制定家庭保险规划的基本常识。

## 制定家庭保险规划的基本原则

保险并非买得越多越好，保额并非越高越好，保障期限并非越长越好，保费并非越低越好。投保是有成本的，也要讲效益。想要为全家人制定一个合理的保险规划，以下几个原则不能不重视。

**1. 量力而行原则**

购买保险的投入水平应该跟家庭的经济状况相匹配。如果购买保险的支出超出了自己家庭的收入水平，会给自己和家人增加许多生活负担。我们必须根据自己家庭的收入水平和未来的收入能力来计算家中有多少结余。保险支出占结余的10%～30%是较为合适的比例，既没超出经济承受能力，又能实现足够的保障。

**2. 按需选购原则**

我们选购保险时一定不能盲目跟风。每个家庭面临的风险种类不同，不挑选与自家风险相匹配的险种，就是白白花钱而没获得实际的保障。万一将来发生保险事故，你就会发现自己当初没买对险种。

**3. 优先有序原则**

做家庭保险规划时要根据风险损害程度和发生频率来确定投保次序。损害大、发生频率高应当优先考虑投保。如果是家里能承受的损失，特别是低于保险免赔额的损失，就没必要投保了。

**4. 优化组合原则**

家庭保险规划应该避免重复购买多项险种。可以在选购某种主险后按需要添加附加险。如果附加险和其他险种的主险有同样功能，就不必再单独购买相关的主险了。通过优化组合各个险种，就能得到比较全面的保障，而且可以节省一大笔保费。

**5. 不要轻易退保原则**

投保之后最好不要轻易退保。退保会让被保险人失去保障，而且退保时往往拿不回所有的钱。更重要的是，如果今后要重新投保，保险公司会按新年龄来计算保费。年龄越大的人，保费也越高。假如家中真的急需一笔钱，可以计投保人以书面形式向保险公司申请贷款，或者变更为减额缴清保费，这比退保的损失要小一些。

### 家庭保险规划的几个定律

家庭保险规划讲究的是把钱花在刀刃上，在追求全家人保障最大化和家庭财务安全之间找到平衡点。为此，我们在制定家庭保险规划时，应该遵守以下五个定律。

**1. 墨菲定律**

墨菲定律的内容是：如果事情有变坏的可能，不管这种可能性有多小，它总会发生。这个定律在警示人们注意提防潜在风险。我们购买保险就是为了避免这些潜在风险破坏自己的幸福生活。

**2. "4321"定律**

家庭财产中40%的钱用于养老金、子女教育金、分红险等保本升值金，30%的钱用于基金或房产等投资，20%的钱用于买意外险、重疾险等必备的风险管理工具，10%的钱用于日常开支和风险转移。这就是"4321"定律的内涵。

**3. "双10"定律**

"双10"定律指的是保险的保障额度应该是家庭年收入的10倍，保费支出不超过家庭年收入的10%。这样就能在保额与保费中实现平衡，不至于动摇家庭经济的稳定性。

**4. "31"定律**

"31"定律指的是家里每个月的房贷、车贷等不要超过家庭月收入的1/3。而且为了保障家庭资产，可以买一份跟房贷等额的保险。

### 5. "80"定律

"80"定律是指做投资时，买高风险投资产品的资金比例不能超过80减去你的年龄。用公式表示为：投资额比例＝（80-你的年龄）×1%。随着一个人年龄的增长，抗风险能力也在降低，风险投资的比例也在降低。

## 不同收入的家庭如何制定家庭保险规划

保险对于不同收入水平的家庭有不同的意义。不同收入的家庭在做保险规划时，侧重点也大相径庭。以下是常见的三类家庭的保险规划要点。

### 1. 普通工薪家庭重保障

普通工薪家庭的收入不算很高，基本能维持收支平衡，没有太多余钱，家庭抗风险能力比较弱，很容易遭受冲击。一般有社保、医保、失业保险等保险，但还不足以满足全家人的所有保障需求。因此，普通工薪家庭规划保险的重点是加强保障，以意外险或者重疾险为基础，为子女教育准备年金类的教育保险，为老年人购买重疾险。

### 2. 中产家庭兼顾投资

中产家庭有车有房，丰衣足食，还有相当多的闲钱可以用来投资股票、基金、理财产品。这样的家庭在购买保险时可以尽可能地把各个险种都配置齐全。在拥有充足保障的前提下，还可以投一些理财型保险，增加收益。

### 3. 富裕家庭重财产传承

富裕家庭拥有许多资产和投资，健康、养老以及家产的传承是此类家庭最重视的问题。保险具有转移风险、增值保值、合理避税、资产传承等功能，是富裕家庭不可缺少的理财工具。各大保险公司针对富裕家庭也设计了一些个性化定制的养老保险、人寿保险和财产保险。

## 本节小结

　　我们做家庭保险规划的时候，无论购买什么险种，都应该遵循"顶梁柱"优先原则。作为家中顶梁柱的大人应该优先获得保障，然后再为孩子投保，最后才是为没有收入的老人投保。许多人从尊老爱幼的传统美德角度出发，不太接受这个原则。但保险本质上是用来降低我们家庭经济风险的金融工具，保障了顶梁柱，家里的其他成员才能过上更好的生活，在意外发生后真正在经济上受益。

# 第十三章

## 慎对理赔流程，确保经济补偿一分不少

保险的保障功能主要体现在理赔上。投保人不希望自己担心的意外发生，但当事情真的发生时，理赔带来的经济补偿就至关重要了。遗憾的是，不少人对保险理赔的认识不清晰，不熟悉理赔流程，不注意赔付条件和责任，结果导致理赔申请无法通过。这就使得我们最初的投保目的完全落空。只有认真对待理赔问题，才能保障我们的合法权益。本章将着重讲述关于保险理赔的情况。

# 做好全家保单管理，买个明明白白

➡️ **请思考**

• 常见的保单管理问题有哪些？

• 如何规范全家人的保单管理？

• 做好保单管理的好处有哪些？

我们一生中需要的保险不止一种。随着家庭成员的需求变化，还要不断调整全家人的保险规划。保单作为我们和保险公司之间的契约，其重要性不言自明。双方的权利、义务和责任都在上面写得明明白白。一旦发生需要理赔的情况时，保单就是最重要的依据。做好保单管理，才不至于在理赔过程中发生不愉快的纠纷。遗憾的是，许多投保人对保单管理不够重视，导致给自己留下了隐患。

### 常见的保单管理漏洞

有些人购买保险的时候很随意，对保单的管理更加随意。这种马马虎虎的态度，很可能给我们带来一些不必要的麻烦和损失。以下是人们常见的3个保单管理漏洞。

### 1. 忘了买过什么保险

你已经买过某款保险产品，但把保单随手一丢就忘在脑后，甚至在发生合同约定的保险事故后，你都没有想起自己买过相关的险种，不知道可以去理赔。当你想起此事后，却没能找到保单。你完全记不清自己究竟在哪里购买的保险，买的是哪家保险公司的保险，保单号是多少，如何向保险公司报案。这样一问三不知，想要理赔都不知道找谁了。

### 2. 忽略保险到期提醒

这种情况主要发生在短期保险上。短期保险的保障期限一般是一年。有些投保人购买了保险后没有整理保单的习惯，把短期保险和其他长期保险的保障期限记混了。短期保险在一年后到期了都浑然不觉，对保险公司发的短信提醒也没记在心上。万一被保险人在这个时候遭遇保险事故，已经过期失效的保单什么都给不了你。

### 3. 重复购买

重复购买多个同类险种，并不能让你获得多次赔付。这只是在浪费钱。有些人是因为忘记了自己已经买过，才重复购买的。要是在买之前能看一看已有的保单，就不至于出现这种情况了。

### 如何加强保单管理

为了避免上述尴尬，我们可以通过简单的三招来加强保单管理，把全家人的保险整理得明明白白。

### 1. 汇总所有保单

我们每买一份保险，就会获得一份保单。纸质的保险合同通常是一个A4纸大小的手册，有保险公司制作的彩色封底和封面，一眼就能认出来。如果是通过互联网投保，也能收到保险公司发来的电子保单。纸质版和电子版具有同等的法律效力。

把全家人的纸质保单统一汇总在一起存放，把电子保单及时下载下来并存在私人电脑或者网盘的专用文件夹中。无论谁增加了新的保险，都把保单汇总起来。这样就不会缺漏每一个家庭成员的每一个已购保险产品信息了。

### 2. 建立全家保险清单

由于每个家庭成员都不止一张保单，所以建立一张全家保险清单是非常必要的。可以编制一张表格，把各个保险产品的保险责任、缴费银行卡、缴费日期、保障期限等关键信息都列入表格中，随时根据最新信息来调整这份清单里的数据。全家买过的保险、没买的保险和需要调整的保险，在这份清单里都一目了然。

### 3. 告知亲友

我们购买完保险之后，应该把情况告知自己至少一位亲友。通常是你的配偶或者父母。自己整理的保险清单也应该让你最亲近的人知道。因为万一你不幸遇到了事故，他们是需要拿着保单去找保险公司理赔的。如果他们对你汇总整理的保单和清单一无所知，你当初投保的目标就无法实现了。

### 本节小结

有些人购买保险的时候稀里糊涂，不是忘了自己买过什么保险，就是保险到期失效后还以为购买过的保险有效，还可能在多家公司重复购买同类险种。这些都会在出现保险合同约定的事故后给我们造成很大的麻烦，给家庭经济造成不必要的损失。为此，我们有必要建立保险清单，并把自己买过的保险告知可信任的人，以备不时之需。

# 造成理赔困难的一些常见原因

➡️**请思考**

- 为什么发生事故后，保险公司却拒绝赔付？
- 在哪些情况下，保险公司不会赔付？
- 我们应该如何应对理赔问题？

按照严格的定义，保险理赔指的是在保险标的作为保险对象的财产及其有关利益或者人的寿命和身体发生风险事故后，保险人对被保险人或者受益人提出的索赔要求进行处理的行为。保险理赔是一种法律行为，也是保险经营的重要环节。

那些对保险怀有抗拒心理的人，十有八九是因为不相信保险公司真能按照合同约定赔付保险金。他们可能没购买过保险，只是听说过客户发生意外后保险公司不予赔付的新闻，也可能自己亲身经历了理赔失败的挫折。理赔困难这个痛点，让无数消费者望"保"兴叹。

其实，发生这种情况不一定是保险公司赖账。甚至从法律的角度讲，保险公司的做法可能无可厚非。我们一起来分析一下造成理赔困难现象的常见原因。

### 1. 事故不在保障范围内

保险公司拒绝赔付的首要理由，就是被保险人发生的事故不在合同约定的保障范围内。我们在前面提到的各个险种中都涉及了免责条款。假如你遇到的事故恰好处于保险公司的除外责任，就不属于该产品的保障范围。在这种情况下，保险公司依法可以不予赔付。

投保人没弄清楚保障范围固然有自身的责任，但是也不排除有些无良的保险代理人为了售出产品，故意隐瞒或者误导投保人对保险合同约定的责任产生了误解。为了避免这种情况，我们在投保时一定要跟保险代理人认真地核对保险合同上的条款细则，尤其要看清楚免除责任条款。

不论业务员的解读如何，保险合同上的白纸黑字才是真正有法律效力的东西。只要我们没有对合同内容理解错误，就不会对那些不会赔付的情况产生不切实际的幻想。此外，我们在生活中应当尽最大努力避免自己和家人遭遇免除责任条款中提到的事故。

### 2. 客户没有如实告知自身情况

保险公司会根据不同的险种需要来制定一些限制条件。保险代理人在和投保人签约之前，会询问客户的年龄、职业、身体状况、家族病史等情况，以便判断投保人是否符合该险种的承保要求。

根据最大诚信原则，客户有义务如实告知自身情况。假如你没有做到这一条，保险公司是可以依法不予赔付的。与其被各大保险公司列入失信人名单，不如一开始就遵守最大诚信原则，根据自身的真实需要来挑选合适的保险。

### 3. 超出了限制条件

几乎所有的险种都或多或少存在一些限制条件。超出了限制条件的时候，保险公司也可以拒绝理赔。所以说，我们在购买保险的时候，不要光听保险代理人的选择性介绍，还必须认真找出隐藏的限制条件。比如年龄、职业、时间、空间、法律法规等方面的限制条件。保险合同上肯定会一一注明，但保险代理人不一定会跟你说清楚。这就需要你自己多一分细心、认真，不要望文生义，不要偏听偏信。

总之，正规的保险公司不予理赔的理由无非这三点。只要我们明确了保险合同中规定的承保责任、责任免除条款、隐藏限制条件，又如实向保险代理人告知了自身情况，保险公司是不会不按合同约定进行赔付的。

### 本节小结

　　人身保险和财产保险的常见纠纷存在差异。人身保险产品通常设计得比较复杂，在期限、责任、价格等方面差距很大。消费者投诉意见主要是保险公司的"销售误导"。财产保险的投诉主要发生在理赔环节，跟保险公司的规则不清晰或者工作人员服务不到位有关。

# 人寿险理赔流程的七个环节

**➡ 请思考**

- 人寿险理赔流程有哪些环节?

- 每个环节的注意事项有哪些?

- 我们需要向保险公司提供哪些信息?

人寿险的理赔需要保险公司做一系列的工作,整个流程需要经过接案、立案、初审、调查、核定、复核与审批、结案与归档7个环节,且每个环节都有不一样的规定和要求。如果想要理赔流程高效有序地进行,就得了解一下这七个环节的注意事项。

1. 接案

接案指的是保险事故发生后,保险公司接受客户的报案和索赔申请的过程。

(1)报案。

当保险事故发生后,投保人或被保险人、受益人告知保险公司情况。这种行为就是报案。根据《中华人民共和国保险法》的规定,如果你故意或者因重大过失未能及时通知保险公司,导致保险事故的性质、原因、损失程度难以确定,保险公司对无法确定的部分是不承担赔偿责任的。但保险公司通过其他途径已经及时知道或者应当及时知道的情况除外。

报案的方式可以是亲自去保险公司当面通知，也可以用电话、电报、传真、信函等方式通知，还可以填写保险公司事先印刷的事故通知书。我们在报案时需要提供的信息有：

· 投保人的姓名

· 被保险人或者受益人的姓名及身份证号码

· 被保险人的保单号

· 险种名称

· 出险时间

· 地点

· 简要经过和结果

· 就诊医院

· 病案号

· 联系地址及电话

保险公司的结案人要对我们提供的信息做好登记，准确记录报案时间，询问需要掌握的必要信息，然后判断案件的性质以及是否需要采取适当的应急措施。

（2）索赔申请。

索赔指的是保险事故发生后，被保险人或者受益人根据保险合同的约定向保险公司请求赔偿损失或者给付保险金的行为。注意！及时报案是客户应履行的义务，并不等于保险索赔。

索赔申请人是被保险人、受益人等对保险金具有请求权的人。索赔时效指的是保险事故发生后，申请人必须在规定时期内向保险公司请求索赔。超出索赔时效以后，保险公司就不再受理。申请人在索赔时承担提供证据的义务。

### 2. 立案

立案指的是保险公司核赔部门受理我们的索赔申请，进行登记和编号，让案件正式进入处理阶段。立案阶段有以下要求。

（1）提交索赔资料。

申请人要按照一定的格式要求来填写索赔申请书，并向保险公司提交相关证明和资料。如果申请人委托他人代办，还得让受托人提交由申请人签署的理赔授权委托书。

（2）受理理赔资料。

保险公司的受理人在审核资料后，在一式两联的理赔资料受理凭证上注明已接收证明和资料，注明受理时间并签字。一联留存公司，一联交申请人存执，作为将来受理索赔申请的依据。如果受理人发现材料不齐，应告知申请人尽快补齐。

（3）立案处理。

保险公司对经审核符合立案条件的索赔申请进行立案登记，生产赔案编号，记录相关信息，移交下一个环节进行处理。

### 3. 初审

初审指的是核赔人员对索赔申请案件的性质、合同的有效性进行初步审查。初审的要点如下：

（1）审核出现时保险合同是否有效。

（2）审核出现事故的性质。

（3）审核申请人所提供的证明材料是否完整、有效。

（4）审核出现事故是否需要进行理赔调查。

初审人员在判断该案件需要调查时，会提出调查要点、调查要求，交由调查人员进行调查，待调查人员提交调查报告后，再提出初审意见。如果判断该案件不需要理赔，初审人员在提出初审意见后，将案件移交理算人员做理赔计算的处理。

**4. 调查**

理赔调查是理赔流程的重要环节，对理赔处理结果有决定性影响。保险公司在进行理赔调查时要遵循以下原则。

（1）调查必须本着实事求是的原则。

（2）调查应力求迅速、准确、及时、全面。

（3）调查人员在查勘过程中禁止就理赔事项做出任何形式的承诺。

（4）调查应遵循回避原则。

（5）调查完毕应及时撰写调查报告，真实、客观地反映调查情况。

**5. 核定**

核定是保险公司对索赔案件做出给付、拒付、豁免处理和对给付报销金额进行计算的过程。理赔人员应审核案卷所附资料是否足以做出正确的给付或者拒付处理。如果资料不完整，应及时通知补齐相关材料。如对资料尚有疑义，就通知调查人进一步调查核实。核定的主要内容包括以下4点。

（1）给付。

对于正常给付的索赔案件，理赔人员应根据保险合同的内容、险种、给付责任、保额和出险情况来计算给付的保险金额。

（2）拒付。

对于应该拒付的案件，理赔人员做出拒付确认，并记录拒付处理意见及原因。对于因拒付而终止的保险合同，应该在处理意见中注明，并且按照条款约定计算应该退还的保费或者现金价值以及补扣款项的金额。对于继续有效的保险合同，则应在处理意见中注明，同时把合同置于继续有效状态。

（3）豁免。

对于应该豁免保费的案件，理赔人员应做出豁免的确认，同时把合同置于豁免保费状态。

（4）理赔计算。

理赔计算应当准确无误，涉及补扣款的项目必须一并计算。进行理赔计算补扣款的项目有预缴保费、未领取满期保险金、未领取红利、利差等应补款项。

在进行理赔计算应扣款的项目有：在宽限期内出现，应扣除欠缴的保费；客户有借款及应收利息，应扣除结款及应收利息；有预付赔款的应将预付赔款扣除；其他应扣除的项目。

### 6. 复核与审批

复核在核赔业务处理中起到了把关作用。通过复核，可以发现理赔业务处理过程中的失误和疏忽，及时予以纠正。复核的主要内容如下。

（1）出险人的确认。

（2）保险期间的确认。

（3）出现事故原因及性质的确认。

（4）保险责任的确认。

（5）证明材料的完整性与有效性的确认。

（6）理赔计算的准确性和完整性的确认。

审批是根据案件的性质、给付金额、核赔权限以及审批制度对已复核的案件进行逐级呈报，由有相应审批权限的主管进行审批。批复需要重新进行理赔计算的案件会退给理赔人员，批复需要进一步调查的案件会通知调查人员继续调查，批复同意的案件会移交下一个环节。

7. 结案与归档

保险公司的结案人员会根据理赔案件呈批的结果，编制给付通知书或者拒付通知书或者豁免保险通知书，并寄给申请人。拒付案件会注明拒付原因及保险合同效力终止的原因。给付案件会注明给付金额、受益人姓名，提示受益人凭相关证件前来办理领款手续。

领款人凭借通知书和相关证件办理领款手续，可以通过现金、现金支票、银行转账或其他允许的方式领取应得款项，并由保险公司财务部门支付。结案人员根据保险合同效力是否终止来修改合同的状态，加上结案标识，并按照业务档案管理要求进行归档。整个人寿险理赔流程至此完结。

**本节小结**

当保险事故发生后，被保险人或受益人必须在"索赔时效时间"内申请赔付，错过这个有效期，保险公司就不再受理。

寿险理赔报案时，我们要提供完整的信息：投保人的姓名、被保险人或受益人的姓名及身份证号码、被保险人的保单号、险种名称、出险时间、地点、简要经过和结果、就诊的医院、病案号、联系地址及电话等。

# 非寿险理赔流程的六个步骤

➡ **请思考**

• 非寿险理赔流程有哪些环节？

• 每个环节的注意事项有哪些？

• 我们需要向保险公司提供哪些信息？

非寿险的理赔流程主要包括接受损失通知、审核保险责任、进行损失调查、赔偿保险金、损余处理、代位求偿六个步骤。我们接下来按顺序讲讲每个步骤的要点。

**1. 接受损失通知**

发出损失通知是非寿险被保险人必须履行的义务。所谓损失通知，指的是当保险事故发生后，被保险人或者受益人用最快的方式把事故发生的时间、地点、原因及其他情况告知保险公司。具体要求如下。

（1）损失通知的时间要求。

《中华人民共和国保险法》第二十六条规定："人寿保险以外的其他保险的被保险人或者受益人，向保险人请求赔偿或者给付保险金的诉讼时效期间为二年，自其知道或者应当知道保险事故发生之日起计算。人寿保险的被保险人或者受益人向保险人请求给付保险金的诉讼时效期间为五年，自其知道或者应当知道保险事故发生之日起计算。"

不同的险种对损失通知的要求存在差异。比如，财产保险在遭受保险责任范围内的盗窃损失后，我们必须在24小时内通知保险公司，否则保险公司可以不赔付。有些险种没有明确的时限规定，但也要尽快把事故损失告知保险公司。非寿险的诉讼时效只有短短两年，不如人寿险长。早日理赔，早点拿钱。

（2）发出损失通知的方式。

我们可以用口头或函电等形式发出损失通知，但随后必须及时补发正式的书面通知，并向保险公司提供保险单、账册、发票、出险证明书、损失鉴定书、损失清单、检验报告等各种必需的索赔单证。如果损失涉及第三者责任，我们还得出局权益转让书给保险公司，由保险公司代为向第三者责任方追偿。

（3）受理。

接受损失通知意味着保险公司受理案件。保险公司会派人立即核对保单和索赔内容，安排现场勘查，将受埋案件等级编号，正式立案。

**2. 审核保险责任**

保险公司收到损失通知书后，应立即审核索赔案件是否为保险人（即保险公司）的责任。审核内容包括：

（1）保险单是否仍有效力。

（2）损失是否由所承保的风险引起。

（3）损失的财产是否为保险财产。

（4）损失是否发生在保险单所载明的地点。

（5）损失是否发生在保险单的有效期内。

（6）请求赔偿的人是否有权提出索赔。

（7）索赔时是否存在欺诈行为。

### 3. 进行损失调查

保险公司审核保险责任后，会派人到出险现场实地勘查事故情况，分析造成损失的原因，确定损失的严重程度。因为在保险事故中，造成损失的原因一般是错综复杂的，只有弄清了具体原因，才能确定损失是否属于保险公司的承保范围。保险公司会根据被保险人提供的损失清单来逐项查证，确定一个比较合理的损失程度。

在保险合同中，被保险人履行义务是保险公司承担赔偿责任的前提条件。假如保险标的的危险程度增加了，但被保险人没有履行告知保险公司的义务，保险公司是会拒绝赔偿的。当保险事故发生后，被保险人要是没有采取必要的、合理的抢救措施，保险公司也会拒绝承担保险责任。这些行为都会影响你的索赔权利。

### 4. 赔偿保险金

当保险公司确定损失属于保险责任范围后，会根据调查结果来估算出赔偿金额，按照保险合同的约定来履行赔偿的责任。保险公司可以根据保险单类别、损失程度、标的价值、保险利益、保险金额、补偿原则等计算赔偿金额。财产保险合同赔偿的方式一般是货币补偿，但我们也可以跟保险公司协商采用恢复原状、修理、重置或以相同实物进行更换等方式来获得赔偿。

### 5. 损余处理

通常而言，在财产保险中受损的财产会有一定的残值。损余处理就是处理这个残值的。假如保险公司是按照全部损失进行赔偿，那么这个残值应该归保险公司所有，或者从赔偿金额里扣除残值部分。假如保险公司是按照部分损失来赔偿，则可以把损余财产折价给被保险人，以抵偿赔付金额。

### 6. 代位求偿

当保险事故是由第三者的过失或者非法行为引起的时，第三者要对被保险人的损失承担赔偿责任。也就是说，被保险人的损失应该由第三者来承担。但在实际操作中，我们会先把保险事故告知保险公司，保险公司按照合同约定先行赔付一笔钱给我们，然后我们作为被保险人把追偿权转让给保险公司，并协助保险公司向第三方追偿。

## 本节小结

　　非寿险理赔流程包括接受损失通知、审核保险责任、进行损失调查、赔付保险金、损余处理和代位求偿六个步骤。

　　被保险人发出损失通知的方式可以是口头的，但随后必须及时补发正式的书面通知，提供保险单、账册、发票、出险证明书、损失鉴定书、损失清单、检验报告等必需的索赔单证。

# 后记
POSTSCRIPT

保险已经成为我们生活中不可缺少的一部分，并且在我们生活中发挥着重要作用。购买到了适合自己的保险，心中就会有更多安全感，我们在奋斗的道路上也能免去许多后顾之忧。

但是，正如万能险并非无所不能一样，买保险也没有唯一正确的、适合所有人和所有情况的选项。每个人的情况不同，面临的风险不一样，需要的保障也存在明显的差异。具体问题具体分析才是明智之举，不能幻想着用单一的标准答案解决所有的问题。

无论你购买的是什么保险，都应该牢记四个字：不忘初心。我们购买保险的目的不是一夜暴富，也不是积累资本，而是为了加强生命财产的风险管理，保障自己和家人的生活。保障是保险最原始、最基本的功能，也是我们购买保险的最初目的。

社会在进步，保险也在不断发展。新的保险产品层出不穷，保险公司的营销手段也会花样翻新。我们的知识也要不断更新，才能跟得上变化越来越快的形势。

本书不是为了给读者提供什么高精尖的技能，而是希望大家能对保险有一个比较全面的认识。心中有了这个简明的知识框架，再去吸收关于保险的新知识，就会有效得多。